KB041673

지방자치법

전훈 O 이진수

박영사

머리말

필자와 이진수 교수는 법학 전공자이나 행정학부와 행정대학원에서 학생을 가르치고 있다. 우리 둘은 이 교수가 국립대학법인 서울대학교로 직장을 옮길 때까지 대구의 동네 통닭집에서 종종 모임을 했었는데, 이 책이 세상이 나오게 된 계기가 되었다. 의기투합까지는 아니나 우리 둘은 지금의 법학 서적보다 읽기 쉽고 전문성을 갖춘 공법 분야의 안 두꺼운 책들을 써보자고 했었고, 그 첫 번째 분야로 지방자치를 택하였다. 필자가 20년 전 Aix-en-Provence에서 작성하던 학위논문 주제가 지방분권과 지방자치법이었고, 이 교수가 사법시험 합격 후 행정안전부에서 지방재정 관련 일을 하다 영남대학교 법학전문대학원 교수로 옮겼던 각자의 경험이 다행스럽게 이 책을 전문성을 높일 수 있게 되었다.

지방자치는 헌법에서 별도의 장을 두고 있는 한 나라의 기본 틀 가운데 알맹이에 해당한다. 굳이 외국의 학설이나 헌법재판소나 대법원의 표현을 인용하지 않더라도 우리 역사에서 지방정치 권력과 행정 제도의 흔적을 문헌이나 관습을 통해 확인할 수 있다. 우리 책에서는 필자가 공부했던 프랑스 지방분권 이론을 기준이 되는 틀로 삼아 2021년에 전부 개정된 지방자치법의 내용을 기본적 이론과 중요한 판례와 함께 소개하고 있다.

앞서도 말했지만 두껍지 않은 책 쓰기는 쉽지 않은 작업인 것 같다. 다른 책과는 달리 이 책은 총론에 해당하는 부분을 서론(제1편)과 지방자치단체(제2편)로 나누어 분권화된 지방자치단체의 권한과 사무를 통해 지방자치와 법치주의를 설명하고 있다. 지방자치법 총강(제1장), 조례와 규칙(제3장), 지방자치단체 상호 간의 관계(제8

장), 국가와 지방자치단체와의 관계(제9장) 및 특별지방자치단체(제12장)에 해당하는 부분이다. 이어 지방민주주의(제3편)와 자치행정기관(제4편)에 관한 지방자치의 현실을 다루고 있다. 지방자치법 주민(제2장), 지방의회(제5장), 집행기관(제6장)에 해당하는 부분이다. 지방재정 분야는 아마 제2판에서 우리와 비슷한 상황에 있는 다른 교수님께서 참여할 것이다.

지방자치법은 많은 분이 공부하는 분야이다. 고민과 혜안이 넘쳐나는데 부족한 책을 세상에 하나 더 던진다는 생각도 들지만, 이 책을 통해 지방분권과 지방자치와 법치주의에 관한 생각을 새롭게 하는 독자가 한 분이라도 있으시기를 바라는 마음에서 두 사람이 용기를 내었다. 이 책이 세상에 나올 수 있게 도와주신 박영사 장규식 차장님과 양수정 선생님께도 감사를 드린다. 부족한 부분에 대한 독자와 존경하는 은사님, 선·후배 연구자님들의 지적과 비판을 기다리면서 첫 머리글을 마치기로 한다.

2023년 3월
공동저자를 대표해서 전 훈 씀

차 례

제1편 서 론

제 1 장 헌법이 보장하는 지방자치 • 15

제2편 지방자치단체

제 2 장 분권화된 공법인 • 33

제 3 장 지방자치단체의 권한과 사무 • 66

제 4 장 지방자치와 법치주의 · 92

제3편 지방민주주의

제 5 장 지방의회 • 111

제 6 장 주민의 자치행정에 대한 직접 참여 • 125

제4편　자치행정기관

제 7 장　집행기관 • 163

제1편

서 론

헌법이 왜 지방자치에 대해 규정하고 있고, 지방자치와 지방분권은 어떻게 다른지를 검토하기 전에 과연 '자치'란 어떤 것을 의미하는지 생각의 차이가 있다. 지방분권을 위한 헌법 개정 논의에서 검토되었던 사항들을 다시 한번 생각해 볼 기회를 가지는 것 또한 유의미한 시간이 될 것이다.

제1장

헌법이 보장하는 지방자치

 제1절 **지방자치란 무엇인가: 자치 개념에 대한 인식**

제1조(목적)

이 법은 지방자치단체의 종류와 조직 및 운영, 주민의 지방자치행정 참여에 관한 사항과 국가와 지방자치단체 사이의 기본적인 관계를 정함으로써 지방자치행정을 민주적이고 능률적으로 수행하고, 지방을 균형 있게 발전시키며, 대한민국을 민주적으로 발전시키려는 것을 목적으로 한다.

우리 헌법 제9장은 제117조와 제118조에서 지방자치에 대해 규정하고 있다.[1) 이를 두고 헌법이 지방자치를 보장한다고 하고 일반적으로 지방자치를 헌법상 제도보장의 예로 설명한다. 헌법조항에 나타난 주민, 지방의회, 지방자치단체와 그 장에 대한 내용을 어떻게 정할지는 법률에 맡겨져 있다. 법률로 유보된 지방자치 제도는 그 핵심이 되는 내용을 국회가 무의미하게 만들 수는 없다고 하나 정작 그 의미에 대해서는 명확하지 않은 점도 있다. 지방자치의 개념을 설명하면서 주민의 참여에 의한(주민자치) 지방자치단체의 자치(단체자치)로 소개하는 것이 일반적이다.홍정선

1. 정치적 의미의 자치 개념 – 주민자치와 연결

주민자치는 지역공동체의 사무를 그 지역에 살고 있는 지역주민들이 알아서 처리하는 것을 말한다. 지역주민들은 스스로 대표자를 선출하여 이들에게 행정을 수행하도록 맡기거나 직접 모여서 총회를 통해 결정한다. 그런데 대표자를 선출하여 사무 처리를 맡기는 경우는 지역주민들이 살고 있는 지방자치단체의 의결기관을 구성하는 것이 되므로 다음에 설명하는 단체자치와 얼핏 보면 비슷하게 된다.

주민자치는 주민의 참여를 통해 자치를 운영해 나가는 것을 말하지만 우리에게 시사점을 주는 나라마다 차이가 있다. 지방정부로 알려진 영국의 경우 앵글로 색슨 왕조부터 각 지역사회가 주민총회를 중심으로 의사결정을 해온 전통이 남아있다. 독일학자 그나이스트(R. Gneist)는 이러한 영국식 자치개념에 시사를 받아 보수 없이 시민이 행정에 참여하는 무보수의 명예직 공무원을 이상적으로 보았다. 다만 지금과 다른 점은 정치적인 명예공무원이 선거에 의하지 않고, 국가의 임명에 의한다는 점이다. 다시 말해, 국가의 유급관료가 아닌 본인 스스로 경제적 부담을 감당할 수 있는 경제적으로 넉넉한 자가 수행하는 국가행정의 일부인 자치행정을 수행한다고 보았다.이기우

---

1) 제117조 ① 지방자치단체는 주민의 복리에 관한 사무를 처리하고 재산을 관리하며, 법령의 범위 안에서 자치에 관한 규정을 제정할 수 있다. ② 지방자치단체의 종류는 법률로 정한다.
  제118조 ① 지방자치단체에 의회를 둔다. ② 지방의회의 조직·권한·의원선거와 지방자치단체의 장의 선임방법 기타 지방자치단체의 조직과 운영에 관한 사항은 법률로 정한다.

2. 법적 의미의 자치 개념 - 단체자치와 연결

단체자치는 지역공동체의 의사결정을 주민과 자치권을 가지는 국가와 구별되는 공법인에 의해 이루어짐을 말한다. 19세기말 유럽의 정치상황과 독일의 법인에 관한 학설(기이르케, O. von Gierke)의 영향을 받았다. 기이르케는 국가/사회의 이원적 구별처럼 국가/지방행정의 분리에 기초하여 자치단체의 불가결한 독립성을 강조하였고, 자연법사상에 기초하여 지방자치단체의 고유사무를 자치의 결정적 요소로 파악하고 국가위임사무를 국가의 위험한 선물로 평가하였다.^{이기우}

한편, 자치개념의 정치적 혹은 법적 의미에서의 파악과는 별개로 지역공동체가 가지는 일정한 자치권이 자연적으로 발생된 국가권력 이전부터 존재하는 것인지 반대로 국가로부터 전래한 것인지에 대한 자치의 본질에 대한 논의가 있다.

3. 지방자치의 본질 - 자치권의 성질

지방자치의 본질을 지방자치단체가 가진 자치권에 대한 사상적 배경을 중심으로 살피게 되면 결국 전자가 국가로부터 독립되어 존재하고 활동하는 헌법상 보장을 권리로서 누리는가 하는 점으로 이해할 수 있다. 만일 그렇지 않다면 국가로부터 승인받거나 전래된 권한인가 아니면 헌법이 제도상 보장한 지방자치단체의 권리로서 국가가 법률로도 핵심내용을 침해하지 못하는 것인가라는 문제와 직결된다. 자치권의 성질은 후술하게 될 자치입법권의 본질에 관한 자주입법설과 위임입법설의 논의와 연결된다.

(1) 고유권설

비슷하거나 다양한 이름의 지역공동체는 국가라는 개념이 등장하기 이전부터 주민들의 자연적인 결합체로 존재해왔고 이들 공동체가 가지는 의사결정의 자주성은 국가권력에 대응하는 자치권으로서 지방행정과 구별되는 고유한 권한이라고 본다. 서유럽에서 근대적 의미의 국가 개념은 프랑스에서 15세기 이후 나타났지만, 지역공동체의 자치는 이미 그 이전부터 존재해 왔다.^{J.-M. Pontier} 실정법이 지방자치단체의 법인격이나 국가와의 관계를 규정하는 것은 국가의 탄생 이전부터 스스로 의사결정권을 행사했던 지역공동체를 법률상 추인하거나 확인하는 것에 불과하다. 고유권설은 프랑스 대혁명 과정에서 뚜레(J.G.Thouret)로 대표되는 "le pouvoir municipal" 사상에 기초하여 독일의 자연법이론과 융합하여 발전되었다. 옐리네크(G. Jellinek)는 모든 지방자치단체는 지방의 이익을 위한 지방권력을 보유하며 이는 마치 자연법이론에 바탕을 두고 인간이 태어나면서 천부의 기본권을 가지는 것과 유사하다고 하였다. 따라서 고유권설에 따르면 국가는 법률로서 이러한 지방자치단체가 누리는 권리를 제한할 수 없고 다만 이를 확인하거나 승인할 수 있을 뿐이라고 하게 된다.

(2) 국가로부터 받은 권리(전래설)

지방자치단체의 법인격의 인정과 이로부터 나오는 지방자치단체의 자치권은 법률에 의해 승인된 것이라고 보는 견해이다. 지방자치단체는 국가의 통치조직의 한 부분이며, 자치단체가 행사하는 권한은 국가의 통치권의 일부가 쪼개져 나누어진 것이다. 지역의 공동체는 비록 존립의 시간적 순서상 국가에 앞서기는 하지만 국가가 성립되어 내부의 통치 단위로 흡수된 이상 국가의 통치구조의 하부구조가 된다. 따라서 지방자치단체가 행사하는 권한이라는 것은 국가의 통치권으로부터 전래된 것으로서 국가의 감독을 받아야 하는 국가 법률에 의해 전래된 것이라고 설명한다.

문헌상 다수 견해로서 지방자치단체는 국가에 의해 설립되고 그 권리가 국가에 의해 주어진 행정 단일체로 국가로부터 자유로운 것이 아니라 다만 권한을 가진다고 한다. 따라서 지방자치단체는 위임된 국가사무를 처리하게 된다. 일본의 지역주권 이론과 반대로 지방자치단체는 국가와 주권을 공유하는 것이 아니라 헌법상 보장되는 주민의 복리를 위한 자치(우리 헌법) 혹은 자유로운 행정(프랑스)을 수행하는 것으로 이해한다.[J. Bourdon · J.-M. Pontier · J.-C. Ricci] 여기서 자치의 의미는 국가와 독립적으로 나누어 가지는 자유가 아니라는 점에 주의해야 한다. 다만 전래설의 입장이라 하더라도 지방자치의 헌법적 보장을 국가와 구별되는 공법인이 가지는 고유한 지방이익에 대한 의사결정권의 헌법적 보장으로 이해하므로 지방자치단체를 단순히 지방행정의 수행자로 보지는 않는다.

(3) 제도적 보장이론

제도적 보장이론은 지방자치의 본질인 자치권이 무엇인가에 관한 직접적인 논의라기보다는 헌법이 보장하는 지방자치의 의미를 어떻게 볼 것인가에 관한 것이다. 이에 따르면 헌법에서 지방자치가 공적인 제도로 보장받고 있다면 국가의 법률로도 지방자치의 본질적 내지는 핵심적 내용은 침해될 수 없다고 한다.

우리나라에서는 지방자치의 헌법적 보장의 의미를 제도적 보장이론으로 설명하는 것이 다수 입장이다. 앞의 전래설에 기초해 본다면 입법자(국가의 법률)에 의해 제도적으로 허용된 이상 반드시 헌법적으로 보장되어야 하는 입법재량의 한계가 된다고 할 수 있다.

4. 지방자치의 의의와 성격 - 헌법재판소 2009.3.26. 2007헌마843

우리 헌법재판소는 지방자치에 대해 "지역 중심의 지방자치단체가 독자적인 자치기구를 설치하여 그 고유사무를 국가기관의 간섭 없이 스스로의 책임 아래 처리하는 것"이라고 한다. 그리고 "주민의 의사에 따라 지방행정을 처리하는 주민자치"와 "지방분권주의를 기초로 하여 국가내의 일정한 지역을 토대로 독립된 단체가 존재하는 것을 전제로 하여 그 단체의 의회와 기관이 그 사무를 처리하는 단체자치"를 포함한다고 하였다. 또한, 지방자치는 "국민의 기본권이 아닌 헌법상의 제도적 보장"으로 이해한다고 하였다.

정리한다면 앞에서 논의한 사항을 모두 언급하고 있다. 중식당의 잡탕밥 혹은 짬뽕처럼 보일 수도 있지만, 지방자치는 지방행정인 동시에 정치라는 점, 그리고 시민들의 평등한 공적 요구와 서로 역사와 지리적 환경이 다른 지역의 특별한 이익에 부합해야 하는 공권력 단체의 자치권 행사와 관련되기 때문에 하나로만 분명하게 정의하기 어렵다. 그렇지만 위의 헌법재판소 결정에도 나와 있듯이 지방자치는 "국민주권의 기본원리에서 출발하여 주권의 지역적 주체인 주민에 의하여 자기 통치를 실현하는 것으로 요약할 수 있고, 이러한 지방자치의 본질적이고 핵심적인 내용은 입법 기타 중앙정부의 침해로부터 보호되어야 한다는 것이 헌법상의 요청"이라는 점에는 이론이 없다.

참고문헌

이기우, 지방자치이론, 학현사, 1996, 4~9쪽.

_____, "지방자치단체의 자치권", 「법제연구」 제21호, 한국법제연구원, 2001.12., 111~128쪽.

홍정선, 신지방자치법, 박영사, 2022, 3~5쪽.

J. Bourdon·J.−M. Pontier·J.−C. Ricci, Droit des collectivités territoriales, 2e édition, PUF, 1998.

J.−M. Pontier, L'Etat et les collectivités locales, La répartition des compétences, LGDJ, 1978.

제2절 지방자치와 지방분권은 다른 것인가?

지방자치분권 및 지방행정체제개편에 관한 특별법

제1조(목적)

이 법은 지방자치분권과 지방행정체제 개편을 종합적 · 체계적 · 계획적으로 추진하기 위하여 기본원칙 · 추진과제 · 추진체제 등을 규정함으로써 성숙한 지방자치를 구현하고 지방의 발전과 국가의 경쟁력 향상을 도모하며 궁극적으로는 국민의 삶의 질을 제고하는 것을 목적으로 한다.

제2조(정의)

이 법에서 사용하는 용어의 뜻은 다음과 같다.

1. "지방자치분권"(이하 "자치분권"이라 한다)이란 국가 및 지방자치단체의 권한과 책임을 합리적으로 배분함으로써 국가 및 지방자치단체의 기능이 서로 조화를 이루도록 하고, 지방자치단체의 정책결정 및 집행과정에 주민의 직접적 참여를 확대하는 것을 말한다.
2. "지방행정체제"란 지방자치 및 지방행정의 계층구조, 지방자치단체의 관할구역, 특별시 · 광역시 · 도와 시 · 군 · 구 간의 기능배분 등과 관련한 일련의 체제를 말한다.
3. "지방자치단체의 통합"이란 지방자치법 제2조제1항제2호에서 정한 지방자치단체 중에서 2개 이상의 지방자치단체가 통합하여 새로운 지방자치단체를 설치하는 것을 말한다.
4. "통합 지방자치단체"란 지방자치법 제2조제1항제2호에서 정한 지방자치단체 중에서 2개 이상의 지방자치단체가 통합하여 설치된 지방자치단체를 말한다.

제3조(국가와 지방자치단체의 책무)

① 국가는 지방자치단체와 지방자치법 제165조에 따른 지방자치단체의 장 등의 협의체 및 각계각층의 의견을 수렴하여 자치분권 및 지방행정체제 개편에 필요한 법적 · 제도적인 조치를 마련하여야 하며, 자치분권정책을 수행하기 위한 법적 조치를 마련하는 때에는 포괄적 · 일괄적으로 하여야 한다.

② 지방자치단체는 국가가 추진하는 자치분권정책에 부응하여 행정 및 재정의 책임성과 효율성을 높이는 등의 개선조치를 마련하여야 한다.

③ 지방자치단체는 국가가 추진하는 지방행정체제 개편에 적극 협조하여야 한다.

제4조(다른 법률과의 관계)

자치분권과 지방행정체제 개편 등에 관하여 이 법에 규정이 있는 경우에는 다른 법률에 우선하여 적용한다.

지방자치 관련 법률에는 지방자치 말고도 지방자치분권 혹은 지방분권이라는 비슷한 단어가 등장한다. 전공 분야에 따라 차이가 있긴 하지만 분권화 현상은 지방자치라는 영역에서는 지방분권으로 나타나는데, 이때 의미는 행정상 분권화로 이해하여야 한다. 지방분권은 지방자치와 자치행정이 교차하는 의미를 가지는 동시에 우리나라와 같은 단일국가 형태의 헌법 틀에서는 중앙권력과 지방권력의 수직적 배분으로 이해할 여지가 있다는 점에서 행정상 분권화이지만 법률 차원보다는 헌법적 차원의 문제가 된다. 2018년 정부가 제출했던 헌법개정안 제1조제3항[2]이나 2003년에 개정된 프랑스 헌법 제1조제4문[3]에서 국가조직의 지방분권화를 명시하고 있는 것도 같은 차원이다.

1. 지방분권의 의의

분권은 다양한 분야에서 사용되는 일반적인 용어일 수 있으나, 적어도 국가와 같은 공법인이나 권력기관을 전제로 하는 경우, 국가와 구별되는 공법상 법적 주체인 공법인에게 국가 자신이 행사했던 의사결정 권한이 넘겨지는 것을 뜻한다. 법이나 행정 분야에서 논의하는 분권화는 주로 행정상 분권을 말하고 이를 지방(지역)분권과 기능적 분권으로 구분한다.

(1) 지방분권

1) 구역을 기준으로 법적 주체에게 국가의 행정권한을 떼 내어 주는 것

분권은 권한을 나누는 것이다. 일반적으로 국가의 사무를 지방에 이양하는 것을 지방분권이라 하지만 지방의 국가기관(우리의 특별행정기관을 생각하면 될 것이다)에서 알아서 사무처리 하도록 결제권한을 주는 것과 특정 영역에 대한 권한 자체를 넘겨주는 것은 구분해야 한다.

행정상 분권화는 의사결정 권한의 배분을 뜻한다. 의사결정을 내리기 위해서는 법적으로 그 사무 처리에 대한 법적 결과의 귀속주체가 될 수 있어야 한다. 따라서 분.

---

2) "대한민국은 지방분권국가를 지향한다."
3) "프랑스의 조직은 분권화된다(Son organisation est décentrlisée)."

권화는 기본적으로 서로 다른 법적 주체의 존재를 전제로 한다. 먼저 예를 든 지방에 둔 중앙행정기관(우리나라의 ○○지방 병무청)은 말 그대로 ○○구역을 토지관할로 하는 지방(행정)관청이지 법적 주체인 공법인이 아니다. 따라서 지방분권이라 할 때는 국가와 해당 지역의 공법인(공공단체)인 지방자치단체와의 권한의 배분을 말하며 헌법과 지방자치법(제3조)은 지방자치단체가 법적 주체임을 분명히 하고 있다.

2) 연방국가보다는 단일국가의 행정권한의 배분에 관한 문제

지방분권을 국가형태(단일국가/지역국가/연방국가)를 가지고 비교하면서 뒤로 갈수록 지방분권의 정도가 높다는 분도 있다. 그러나 행정상 분권으로서 지방분권은 단일국가에서의 행정조직 형태에 친숙하다. 연방국가의 경우 연방국가를 구성하는 지역정부(미국의 State, 독일의 Land) 안에서 다시 각 지역정부와 소속 지방자치단체 사이의 행정권한 배분의 문제를 이야기하는 것과 연방정부와 지역정부간의 권한배분의 문제는 구별된다고 본다. 따라서 연방국가여야만 지방분권이 극대화되는 것은 아니다. 그리고 연방국가의 정치적 조직(구성) 형태로 이야기하는 연방주의와도 혼동하지 않아야 한다. 연방국가에서 연방의 지역정부는 입법권(법률제정권한)은 물론 사법권을 행사한다. 이에 비해 단일국가의 분권화된 지방자치단체의 경우 자신의 행정권한 행사의 범위를 국가의 법률로 제약받으며, 연방국가를 구성하는 지역정부와 연방정부의 권한 관계는 헌법 개정 사항이라는 점에서 차이가 있다.

(2) 기능적 분권

지방분권이 공간을 매개로 한 것이라면 기능적 분권은 공법인에게 법률이 정하고 있는 특정한 기능이나 사무를 준거로 하여 특별히 그 법인에 대하여 일정한 행정상 권한을 이전하는 것을 뜻한다. 기능적 분권화는 테크니컬한 측면이 강한데[4] 국립대학법인 서울대학교와 같은 영조물(공공시설)(법인)이나 지방자치단체의 공·

---

4) 예전에는 기술적 분권으로 적었다(C. Debbasch). 그 유래는 프랑스 공법학의 기초를 다진 레옹 뒤기(L. Duiguit)가 행정조직을 구분하면서 공공교육, 병원, 전기공급 등 일정한 공공서비스를 운영하는 제한된 권한을 법률에서 부여 받은 법인체에 대해 기술적 혹은 서비스에 의한 분권화로 설명했기 때문이다(L. Duguit, Traité du droit constitutionnel, T. Ⅲ, 2ᵉ édition, 1923, p.83). 현재는 기능상(적)분권으로 설명하는 것이 일반적이다(D. Truchet).

사 혼합(자본)기업의 예를 들 수 있다.

기능적 분권화를 논할 때 영조물 시설(법인)을 빼놓지 않을 수 없다. 서울대학교나 서울대학교병원처럼 공공서비스 수행 임무를 위해 개별 법률(「국립대학법인 서울대학교 설치·운영에 관한 법률」, 「서울대학교병원설치법」)에서 법인격을 부여받은 영조물(공공시설)은 지방분권에서 등장하는 지방자치단체의 일반권한조항(la clause générale de compétence)[5]이 아니라 법률에서 정한 공공서비스 수행에 특정된(전문화된) 권한만 행사하며 법률에 정한 임무에 구속된다는 점(전문성원칙이라고도 한다)에서 행정상 분권화의 모습이지만 구별된다.

2. 지방자치분권과 헌법개정

> **지방자치법**
>
> **제1조(목적)**
> 이 법은 지방자치단체의 종류와 조직 및 운영, 주민의 지방자치행정 참여에 관한 사항과 국가와 지방자치단체 사이의 기본적인 관계를 정함으로써 지방자치행정을 민주적이고 능률적으로 수행하고, 지방을 균형 있게 발전시키며, 대한민국을 민주적으로 발전시키려는 것을 목적으로 한다.
>
> **제4조(지방의회와 집행기관의 구성의 특례)**
> ① 지방자치단체의 의회(이하 "지방의회"라 한다)와 집행기관에 관한 이 법의 규정에도 불구하고 따로 법률로 정하는 바에 따라 지방의회와 집행기관의 구성을 달리 할 수 있다.
> ② 제1항에 따라 지방의회와 집행기관의 구성을 달리하려는 경우에는 「주민투표법」에 따른 주민투표를 거쳐야 한다.

---

5) 지방자치단체가 법률에서 자신의 권한으로 열거하지 않은 사안에 대해서도 해당 지역의 공익적 사항임을 이유로 개입할 수 있는 가능성을 뜻한다. 프랑스 지방자치법 제2121-29조는 지방자치단체 가운데 꼬뮌에 대해서만 일반권한조항을 인정하고 있다: 꼬뮌 의회는 자신의 사무에 대해 의결로 정한다(Le conseil municipal règle par ses délibérations les affaires de la commune).

(1) 지방자치분권: 하이브리드 혹은 반(半)대의제 지방자치

1) 2018년 법률과 개헌안

지방자치분권은 "국가 및 지방자치단체의 권한과 책임을 합리적으로 배분함으로써 국가 및 지방자치단체의 기능이 서로 조화를 이루도록 하고, 지방자치단체의 정책결정 및 집행과정에 주민의 직접적 참여를 확대하는 것"이라는 실정법상 용어이다. 2018년 3월 20일 개정된 「지방자치분권 및 지방행정체제개편에 관한 특별법」 제2조(정의) 제1호에서 규정하고 있다.

지방자치분권(줄여서 자치분권이라 한다)이란 용어는 2013년 5월 28일 제정된 「지방분권 및 지방행정체제개편에 관한 법률」의 지방분권에 대한 정의에 주민의 직접적 참여를 확대를 추가하여 탄생한 것인데, 2013년 법률(제2조제1호)[6]과 2018년 법률 그리고 2021년 지방자치법의 내용을 놓고 본다면 지방자치는 지방자치단체의 정책결정과 집행과정에서 주민의 직접적 참여를 핵심요소로 하는 것 같다.

그런데 이와 같은 "지방분권 + 직접참정 = 지방자치분권"식의 논리는 의문점이 있다. 지방자치를 위한 구체적 의사결정은 대의기관 구성을 통한 방식도 있고 지역민들의 직접적인 의사결정 방식도 있다. 만일 2018년 개헌이 현실화 되었다면 모르겠으나, 현행 헌법 하에서는 지방민주주의는 원칙적으로 대의제를 기본으로 한다. 앞의 표와 같이 2021년 개정 지방자치법 제1조와 제4조는 주민의 자치행정참여와 지방자치단체의 조직 구성의 선택가능성의 문을 열어두었다.

이러한 변화는 2018년 법률 제2조에 정의된 "지방자치분권"의 의미와 비슷한 것 같다. 그리고 2018년 1월에 나온 국회 헌법개정특별위원회의 최종보고서안 제117조제1항[7]이나 제120조제1항[8]의 내용과도 유사하다. 그리고 2018년 3월에 대통령은 개헌안을 제출하였는데, 지방자치에 관한 장(제9장)에서 현행 헌법에 비해 2개

---

6) "지방분권"이란 국가 및 지방자치단체의 권한과 책임을 합리적으로 배분함으로써 국가 및 지방자치단체의 기능이 서로 조화를 이루도록 하는 것을 말한다.

7) "주민은 그 지방사무에 대해 자치권을 가진다. 주민은 자치권을 직접 또는 지방정부의 기관을 통하여 행사한다."

8) "지방정부에는 지방의회와 집행기관을 둔다. 다만, 지방정부의 법률로 주민총회를 입법기관으로 할 수 있다."

조문을 더 추가하였다. 개헌안 제121조(현행 헌법 제117조에 해당)는 제1항에서 주민
자치 개념을 강조하면서 지방정부라는 용어를 사용하고 있어서 다소 헷갈리는 부
분이 있다. 이미 폐기된 헌법개정안이긴 하지만 종래 지방자치법에서 규정하고 있
던 주민의 직접참정 수단이 헌법에 직접 규정되어 있을 뿐 아니라 자치입법 형식
으로 조례를 분명히 밝히고 있다. 개헌안 제122조 제2항은 "지방의회의 구성 방법,
지방행정부의 유형, 지방행정부의 장의 선임 방법 등 지방정부의 조직과 운영에 관
한 기본적인 사항은 법률로 정하고, 구체적인 내용은 조례로 정한다"고 하여 지방
자치단체의 조직구성은 기본적으로 입법자(국가)의 몫으로 하였다.

2018년 정부 헌법개정안
제9장 지방자치

제121조
① 지방정부의 자치권은 주민으로부터 나온다. 주민은 지방정부를 조직하고 운영하는
  데 참여할 권리를 가진다.
② 지방정부의 종류와 구역 등 지방정부에 관한 주요사항은 법률로 정한다.
③ 주민발안, 주민투표 및 주민소환에 관하여 그 대상, 요건 등 기본적인 사항은 법률
  로 정하고, 구체적 내용은 조례로 정한다.
④ 국가와 지방정부간, 지방정부 상호간 사무의 배분은 주민에 가까운 지방정부가 우
  선한다는 원칙에 따라 법률로 정한다.

제122조
① 지방정부에 주민이 보통 · 평등 · 직접 · 비밀선거로 구성하는 지방의회를 둔다.
② 지방의회의 구성방법, 지방행정부의 유형, 지방행정부의 장의 선임방법 등 지방정부
  의 조직과 운영에 기본적인 사항은 법률로 정하고, 구체적인 내용은 조례로 정한다.

---

2) 지방자치분권이란 용어의 재검토

  실정법에서 정의조항을 두었지만 지방분권에 주민의 직접 참여 제도화가 지방자
치분권이라는 논리는 너무 단순하고 위험스러운 접근방식이다. 실정법 조항이 반
드시 학문적 논의를 수용할 필요는 없지만, 그동안 학계에서 일반적으로 받아들여

진 분권화에 대한 개념이나 행정상 분권체계에서 파생되는 지방분권과 기능적 분권에 대한 기본적 내용을 입법자들도 어느 정도는 알고 있는 것이 불필요한 논쟁을 막을 수 있다.

자치라는 용어는 번역 혹은 용례에 따라 자율적인(autonomous) 의미도 가질 수 있고 자주적(independent)이라는 의미도 가질 수 있다. 행정조직법 관점에서 본다면 지방분권이 되었던 기능적 분권이 되었던 분권화 개념에는 후견적 감독권자의 지시나 합목성에 대한 통제를 부정하는 자치 개념을 포용하고 있다(제4장 부분 참조). 따라서 2018년 개정 및 법명 변경된 「지방자치분권 및 지방행정체제개편에 관한 법률」에서 정의하는 지방자치분권에 대한 정의조항은 차라리 빼는 것이 좋을 것 같다.

(2) 지방분권과 헌법개정

1) 국가형태에 따른 헌법상 지방분권의 의미

지난 2018년 상반기는 그동안 9번 개정된 현행 헌법(1987년 개정헌법)에 대한 개정 열기가 매우 뜨거웠다. 비록 관심의 초점은 이전과 마찬가지로 중앙권력의 점유형태에 더 집중되었지만 역대 개헌논의 과정에서 지방분권이 주요 테마 중 하나로 등장한 것은 이번이 처음이었다. 최고 권력을 차지함에 있어 중임대통령제, 의원내각제, 프랑스식 2원 정부 모델 등 어떤 방식을 취하든 간에 이제는 한 나라의 근간이 되는 헌법에서 지방분권을 헌법차원의 문제로 인식하게 되었다는 점은 고무적이다. 전통적으로 지방분권의 헌법적 수용과 관련해 국가형태(단일국가, 연방국가 그리고 중간 형태인 지역국가)에 따라 차이가 있음을 알 수 있다.

① 단일국가

단일국가의 경우 국가(중앙권력)만이 유일한 입법권을 가진다는 점을 강조한다. 다시 말해, 국가만이 국가의 영토 전체에 걸쳐 똑같이 누구에게나 규범력을 가지는 법률을 제정할 수 있다. 우리나 프랑스처럼 대의제를 채택한 단일국가에서는 국민의 대표자인 의회만이 유일한 입법권을 독점하고 있기 때문에 공화국(국가)이 가지는 주권의 불가분성과 단일성을 강조된다. 그렇다보니 지방(권력)의 독자적 입법권에 대해서는 지방권력이론의 출발지인 프랑스에서조차 제한적일 수밖에 없다.

② 연방국가

독일이나 미국 등과 같은 연방국의 국가형태는 현실적으로 매우 다양한 모습으로 나타나는데, 전통적으로 연방을 구성하는 독립적(입법권과 사법권을 가진) 지역정부의 연맹체로 구성된 연방정부를 전제로 한다. 따라서 연방국가의 경우 이원적 법질서를 포함하고 있고(중첩성) 연방과 지역정부라는 복수의 정부가 존재하지만 연방을 구성하는 지역정부가가 가지는 고유한 권한분야에 대해 연방정부가 개입하지 못하는 자치권을 가진다(자치성). 그리고 연방을 구성하는 지역정부는 연방의 권한에 참여함으로써 연방조직에 종속되지 않는다(참여성). 따라서 연방국가에서 지방분권을 연방과 지역정부의 정부 간 관계로 이해하는 것은 정확하지 않다고 본다.

③ 지역국가

지역국가는 앞의 두 모델의 중간에 위치하는데 기본적으로 단일국가의 틀을 가지고 있으나 헌법에서 자치공동체의 폭넓은 입법권(지역법률)을 보장하는 점에서 앞의 두 국가형태의 절충형태라 할 수 있다(스페인, 이탈리아). 지역공동체에게는 실질적인 정치적 자치가 인정되는 역사적 배경을 가진다. 지역국가는 분권화된 단일국가와는 달리 지방정부의 자치규범 제정권, 다시 말해 이중적 입법권한이 헌법에서 인정되고 있다. 예를 들어 이탈리아는 헌법 제117조에서 광역자치정부인 레지오네(Regione)가 지역법(률)을 제정할 수 있다고 규정하고 있고, 스페인의 경우 헌법에서 명시적으로 자치공동체(Commundidades autónomas)에 대해 최고 단계의 입법권을 부여하고 있지는 않지만, 실무와 판례는 이를 2차적으로 인정하고 있다고 한다. 다만 자치공동체가 제정하는 법률도 헌법이 정하고 있는 사항에 대해서만 인정되며 원칙적으로 국가의 입법권한을 침해할 수 없다는 한계를 가진다.

그렇다면 2018년 헌법개정안이나 현행 지방자치법에 나타난 지방분권의 의의는 지방분권 헌법의 여정에서 어느 정도 와 있을까? 말하는 이마다 다르겠지만 헌법개정안은 지방"정부"라는 표현을 사용하고 "조례"라는 자치규범 형식을 언급하고 있다. 비록 주권의 불가분성을 고수하고 있지만 지역국가 형태의 지역정부 수준의 고양된 자치권을 전제로 한 지방분권이 아닐까 전망한다.

2) 헌법개정안(2018)에 나타난 지방분권 스케치

중앙(연방)과 지방(연방구성국)과의 권한배분에 관한 원칙이 국가구성(조직) 원칙으로 이해되어야 함에도 불구하고 아직도 우리나라와 같은 단일국가 형태에서의 '지방분권'은 헌법적 사항이 아닌 행정법 차원에서 법률 차원으로 접근하는 시각이 많았다. 자꾸 남 이야기를 해서 뭣하지만 프랑스의 경우 우리의 지방자치에 해당하는 "지방자치단체의 자유로운 행정(la libre administration)"의 헌법적 보장(제12장)에 관한 규정에도 불구하고 2003년에 헌법 제1조에 지방분권원칙을 새로 추가하였다. 1982년부터 지방분권화를 추진해 온 프랑스에서 굳이 헌법 첫 시작에서 지방분권을 신설한 것은 "분권-행정(법)상 분권-지방분권"식의 인식에서 벗어남을 뜻한다. (지방)분권화된 단일국가에서의 국가와 지방자치단체간의 관계는 이제 국가조직의 기본원칙이 되었음을 분명히 한 것으로 볼 수 있다.

우리 헌법이나 지방자치법에 나타난 지방분권의 모습도 프랑스의 경우와 비교해 볼 때 근본적인 차이점은 없다. 국가와 지방자치단체의 권한배분이라는 용어는 "사무배분의 기준"이라는 제목으로 지방자치법의 일반원칙에 관한 제1장 제3절의 제10조제3항에서 지방자치단체별 사무배분의 기준에서 등장한다. 지방분권은 중앙과 지방의 권한배분에 관한 것이지만 현실에서는 중앙행정권한의 지방이양에서 두드러지고 구체적으로 국기기관이나 지방자치단체의 사무배분으로 나타난다. 어떤 권한과 사무를 나누고 떼 내어 줄 지에 대해서 그 기준이 필요한데, 최근에 보충성원칙을 말하고 있다. 2018년 헌법개정안 제121조제4항에 나타난 "지방정부가 우선한다"는 표현이 보충성원칙 전부를 설명하지는 않지만 늘 중앙정부의 지시와 감독을 받는 보호의 대상이었던 지방자치단체에 대하여 권한과 사무의 배분과정에서 이니셔티브를 주는 것임은 분명하다.

참고문헌

전훈, "지방분권과 헌법개정 − 국회 헌법 개정 특별위원회 자문위원회 개정안 시안 제117조와 제118조를 중심으로 − ", 「법학논고」 제61집, 경북대학교 법학연구원, 2018.4., 7~20쪽.

C. Debbasch, Droit administratif, 6e édition, Economica, 2002.

D. Truchet, Droit administratif, 2e édition mise à jour, PUF, 2009.

M. Lombard · G. Dumont, Droit administratif, 8e édition, Dalloz, 2009.

P. Serrand, Manuel d'institutions administratives françaises, 5e édition mise à jour, PUF, 2015.

프랑스 지방자치법상 일반권한조항(https://www.vie − publique.fr/fiches/20105 − la − clause − generale − de − competence − loi − notre − 2015)

제2편

지방자치단체

지방자치단체의 존재는 지역의 이익에 관한 자율적 의사결정 주체로서 공법인이 존재하는 것을 의미하며, 개정 지방자치법은 특별지방자치단체라는 지방자치단체간 협력 방식을 채택하였다. 지방자치단체의 자율적인 의사결정은 주민이 직접 선출한 지방의회가 주도하는 조례와 단체장의 규칙을 통해 나타난다. 보충성원칙에 따라 기초자치단체와 광역자치단체 그리고 국가간에 이루어지는 사무배분의 특징을 통해 자치행정과 자치권의 현실을 확인할 수 있다. 이러한 지방자치의 모습은 사법화된 행정상 후견 감독과 기관소송을 통해 법치주의 요청을 수용하고 있다.

제2장

분권화된 공법인

 제1절   지방자치단체의 존재

제2조(지방자치단체의 종류)
① 지방자치단체는 다음의 두 가지 종류로 구분한다.
1. 특별시, 광역시, 특별자치시, 도, 특별자치도
2. 시, 군, 구
② 지방자치단체인 구(이하 "자치구"라 한다)는 특별시와 광역시의 관할 구역의 구만을 말하며, 자치구의 자치권의 범위는 법령으로 정하는 바에 따라 시·군과 다르게 할 수 있다.
③ 제1항의 지방자치단체 외에 특정한 목적을 수행하기 위하여 필요하면 따로 특별지방자치단체를 설치할 수 있다. 이 경우 특별지방자치단체의 설치 등에 관하여는 제12장에서 정하는 바에 따른다.
제3조(지방자치단체의 법인격과 관할)
① 지방자치단체는 법인으로 한다.
② 특별시, 광역시, 특별자치시, 도, 특별자치도(이하 "시·도"라 한다)는 정부의 직할(直轄)로 두고, 시는 도의 관할 구역 안에, 군은 광역시나 도의 관할 구역 안에 두며, 자치구는

특별시와 광역시의 관할 구역 안에 둔다.

③ 특별시·광역시 또는 특별자치시가 아닌 인구 50만 이상의 시에는 자치구가 아닌 구를 둘 수 있고, 군에는 읍·면을 두며, 시와 구(자치구를 포함한다)에는 동을, 읍·면에는 리를 둔다.

④ 제10조제2항에 따라 설치된 시에는 도시의 형태를 갖춘 지역에는 동을, 그 밖의 지역에는 읍·면을 두되, 자치구가 아닌 구를 둘 경우에는 그 구에 읍·면·동을 둘 수 있다.

⑤ 특별자치시와 특별자치도의 하부행정기관에 관한 사항은 따로 법률로 정한다.

제4조(지방자치단체의 기관구성 형태의 특례)

① 지방자치단체의 의회(이하 "지방의회"라 한다)와 집행기관에 관한 이 법의 규정에도 불구하고 따로 법률로 정하는 바에 따라 지방자치단체의 장의 선임방법을 포함한 지방자치단체의 기관구성 형태를 달리 할 수 있다.

② 제1항에 따라 지방의회와 집행기관의 구성을 달리하려는 경우에는 「주민투표법」에 따른 주민투표를 거쳐야 한다.

1. 지방자치단체의 종류와 구성요소

(1) 일반지방자치단체(제2조제1항·제2항)와 특별지방자치단체(제2조제3항)

1) 의의

지방자치단체는 법인으로서(제3조제1항) 관할 구역에서 주민이 직접 선출한 지방의회와 단체장이 대표로 있는 집행기관을 통해 주민들의 복리에 관한 사항을 스스로 처리하고 자치에 관한 규정을 제정하는 단체이다.

지방자치법 제2조제1항은 지방자치단체를 두 가지 종류로 구분하는데, 광역자치단체에 해당하는 특별시, 광역시, 특별자치시, 도, 특별자치도와 기초자치단체인 시, 군, 구로 구분한다. 지방자치단체인 구는 통상 자치구라 하는데 주로 도시지역인 특별시와 광역시의 관할 구역의 구만을 말하며, 이들 자치구의 자치권의 범위는 농촌이나 도시와 농촌의 복합 형태를 가진 시·군과는 다르게 할 수 있다. 기초지방자치단체가 아닌 구는 행정구(行政區)라 하는데 인구 50만 이상의 시에 둘 수 있다. 그리고 서울특별시, 광역시 및 특별자치시를 제외한 인구 50만 이상의 대도시에는 법률에 의한 특례를 인정하고 있는데(제198조제1항), 광역시가 아닌 인구 100

만의 대도시는 「지방자치분권 및 지방행정체제개편에 관한 특별법」에 따라 행정상 특례를 인정하고 있다. 2020년 기준으로 기초지방자치단체인 수원시, 고양시, 용인시, 창원시 등 4곳이 이에 해당한다. 다만 이들 대도시 개념은 지방자치단체의 개념과는 구분하여야 하지만 쉽게 구별되지는 않는다고 본다.

2) 특별지방자치단체 개념에 대한 의문

특별지방자치단체는 일반적인 지방자치단체와 다르게 조직이나 처리하는 사무가 특정된 지방자체단체끼리의 결합 형태를 말하지만 우리 지방자치법은 이를 특별지방자치단체(제12장)라 하여 별도의 장을 신설하였다. 하지만 특별지방자치단체가 지방자치단체조합(제176조 – 제181조)과 본질적인 차이가 없다는 점이 문제이다. 그리고 지방자치단체조합을 특별지방자치단체의 예로 드는 문헌도 있었다.

2021년 개정 전에는 제2조제4항에서 “특별지방자치단체의 설치·운영에 관해 필요한 사항은 대통령령으로 정한다”고 되어 있었기 때문에 일단 그 부분에 대한 비판은 시정되었다. 하지만 지방자치단체가 어떤 점이 특별한 것인지에 대한 분명한 입법자의 의도가 분명하지 않아서 그럴 것이겠지만 자치권의 범위가 특별한 영역과 목적(광역적 규모의 공동수행)이라는 점이라면 지방자치단체조합(특별법에 의한 특별지방자치단체라고 설명하기도 한다)과 별 차이가 없고 굳이 지방자치법에서 새로운 장을 추가할 필요는 없다(제2장 제1절 마지막의 법조문 대비 표 참고).

개정 지방자치법상의 특별지방자치단체는 비록 겸임이지만 참여하는 지방자치단체의 지방의회 의원이 특별지방자치단체의 의회 의원이 되고 단체장도 될 수 있다고 하면서도 자치권(조례제정권)이 없다는 점에서 자칫 개념의 옥상옥(屋上屋)이 될 가능성도 많다. 지방자치단체조합이 지방자치단체간 협력을 위한 제도라면 차라리 이를 위한 별도의 법률제정을 통해 지방자치법 제8장에 대한 특별법을 체계적으로 정비하는 것이 더 낫지 않을까 생각된다.

(2) 지방자치단체를 구성하는 요소

지방자치단체의 존재는 특정한 구역에서 자치권을 행사하는 구성원의 통일적인 공감대를 형성하는 명칭을 가진 법적 주체를 법률이 인정하고 있음을 뜻한다. 법적

으로 지방자치단체가 존속하기 위해서는 그 지역의 정체성(l'identité locale)과 자치
(l'autonomie locale)와 지역행정조직(régime administratif local)이 갖추어져 있어야 한
다.[J-B.Auby · J.-F.Auby]

　지방분권의 전제가 되는 지방자치단체는 법인격(지방자치법 제1장제1절), 관할구역
(제1장제2절), 고유한 이익과 사무(제1장제3절), 주민(제2장), 기관(제5장 지방의회와 제
6장 집행기관) 그리고 법률이 정한 행정상 후견(제9장)의 구성요소를 포함한다. 분권
화된 지방자치단체의 존재를 지역의 고유한 이익을 가진 공권력 단체의 자치권 행
사로 이해할 수 있다면 헌법이 보장하는 지방자치의 구체적 모습에서 지방자치단
체를 빼놓고는 설명이 불가능하다. 따라서 지방자치의 구성요소로서 지방자치단체
의 존재는 필수적이며 이러한 지방자치단체의 기관구성의 다양성을 새로이 인정하
고 주민투표를 거치도록 한 점은 자치권의 본질에 대한 주민자치 개념요소를 더
도입한 것이라 평가된다(제4조제2항).

　정리하자면 지방자치의 헌법적 보장의 정도는 분권화된 지방자치단체의 자치권
의 범위와 직접 관련이 있고 법률이 법인격을 인정하는 지방자치단체는 자신의 정
체성을 나타내는 명칭을 가지고 자치권의 공간적 한계인 구역과 해당 구역의 주민
이라는 기본적 구성요소를 갖추어야 한다. 우리 책에서는 주민에 대한 부분은 제3
편 지방민주주의에서 따로 논하기로 한다.

2. 명칭과 구역

제5조(지방자치단체의 명칭과 구역)

　① 지방자치단체의 명칭과 구역은 종전과 같이 하고, 명칭과 구역을 바꾸거나 지방자치단
체를 폐지하거나 설치하거나 나누거나 합칠 때에는 법률로 정한다.

　② 제1항에도 불구하고 지방자치단체의 구역변경 중 관할 구역 경계변경(이하 "경계변경"
이라 한다)과 지방자치단체의 한자 명칭의 변경은 대통령령으로 정한다. 이 경우 경계변경
의 절차는 제6조에서 정한 절차에 따른다.

　③ 다음 각 호의 어느 하나에 해당할 때에는 관계 지방의회의 의견을 들어야 한다. 다만,
「주민투표법」 제8조에 따라 주민투표를 한 경우에는 그러하지 아니하다.

  1. 지방자치단체를 폐지하거나 설치하거나 나누거나 합칠 때

  2. 지방자치단체의 구역을 변경할 때(경계변경을 할 때는 제외한다)

  3. 지방자치단체의 명칭을 변경할 때(한자 명칭을 변경할 때를 포함한다)

④ 제1항 및 제2항에도 불구하고 다음 각 호의 지역이 속할 지방자치단체는 제5항부터 제8항까지의 규정에 따라 행정안전부장관이 결정한다.

  1. 「공유수면 관리 및 매립에 관한 법률」에 따른 매립지

  2. 「공간정보의 구축 및 관리 등에 관한 법률」 제2조제19호의 지적공부(이하 "지적공부"라 한다)에 등록이 누락된 토지

⑤ 제4항제1호의 경우에는 「공유수면 관리 및 매립에 관한 법률」 제28조에 따른 매립면허관청(이하 이 조에서 "면허관청"이라 한다) 또는 관련 지방자치단체의 장이 같은 법 제45조에 따른 준공검사를 하기 전에, 제4항제2호의 경우에는 「공간정보의 구축 및 관리 등에 관한 법률」 제2조제18호에 따른 지적소관청(이하 이 조에서 "지적소관청"이라 한다)이 지적공부에 등록하기 전에 각각 해당 지역의 위치, 귀속희망 지방자치단체(복수인 경우를 포함한다) 등을 명시하여 행정안전부장관에게 그 지역이 속할 지방자치단체의 결정을 신청하여야 한다. 이 경우 제4항제1호에 따른 매립지의 매립면허를 받은 자는 면허관청에 해당 매립지가 속할 지방자치단체의 결정 신청을 요구할 수 있다.

⑥ 행정안전부장관은 제5항에 따른 신청을 받은 후 지체 없이 제5항에 따른 신청내용을 20일 이상 관보나 인터넷 홈페이지에 게재하는 등의 방법으로 널리 알려야 한다. 이 경우 알리는 방법, 의견 제출 등에 관하여는 「행정절차법」 제42조·제44조 및 제45조를 준용한다.

⑦ 행정안전부장관은 제6항에 따른 기간이 끝나면 다음 각 호에서 정하는 바에 따라 결정하고, 그 결과를 면허관청이나 지적소관청, 관계 지방자치단체의 장 등에게 통보하고 공고하여야 한다.

  1. 제6항에 따른 기간 내에 신청내용에 대하여 이의가 제기된 경우: 제166조에 따른 지방자치단체중앙분쟁조정위원회(이하 이 조 및 제6조에서 "위원회"라 한다)의 심의·의결에 따라 제4항 각 호의 지역이 속할 지방자치단체를 결정

  2. 제6항에 따른 기간 내에 신청내용에 대하여 이의가 제기되지 아니한 경우: 위원회의 심의·의결을 거치지 아니하고 신청내용에 따라 제4항 각 호의 지역이 속할 지방자치단체를 결정

⑧ 위원회의 위원장은 제7항제1호에 따른 심의과정에서 필요하다고 인정되면 관계 중앙행정기관 및 지방자치단체의 공무원 또는 관련 전문가를 출석시켜 의견을 듣거나 관계 기관이나 단체에 자료 및 의견 제출 등을 요구할 수 있다. 이 경우 관계 지방자치단체의 장에

게는 의견을 진술할 기회를 주어야 한다.

⑨ 관계 지방자치단체의 장은 제4항부터 제7항까지의 규정에 따른 행정안전부장관의 결정에 이의가 있으면 그 결과를 통보받은 날부터 15일 이내에 대법원에 소송을 제기할 수 있다.

⑩ 행정안전부장관은 제9항에 따른 소송 결과 대법원의 인용결정이 있으면 그 취지에 따라 다시 결정하여야 한다.

⑪ 행정안전부장관은 제4항 각 호의 지역이 속할 지방자치단체 결정과 관련하여 제7항제1호에 따라 위원회의 심의를 할 때 같은 시 · 도 안에 있는 관계 시 · 군 및 자치구 상호 간 매립지 조성 비용 및 관리 비용 부담 등에 관한 조정(調整)이 필요한 경우 제165조제1항부터 제3항까지의 규정에도 불구하고 당사자의 신청 또는 직권으로 위원회의 심의 · 의결에 따라 조정할 수 있다. 이 경우 그 조정 결과의 통보 및 조정 결정 사항의 이행은 제165조 제4항부터 제7항까지의 규정에 따른다.

(1) 명칭

명칭은 불리는 대상의 인격이나 그 사람을 특징하는 상징의 하나이다. 공법인으로서 법인격을 가지는 지방자치단체는 자신의 명칭의 결정에 있어 자치권을 가진다.[1] 현실적으로도 지방자치단체의 명칭은 지적공부상의 표시, 주소 및 우편 등 공익과 밀접한 행정법상의 직접적이고 밀접한 관련성을 가진다. 그뿐만 아니라 상황에 따라서는 그 지역공동체나 주민들의 통합 고리로 작용하기도 한다.

자연인이 법원의 허가를 받아 개명하듯이 법인인 지방자치단체도 명칭 변경이 가능할까? 경상북도 포항시 대보면은 해맞이로 유명한 호미곶의 유명세를 활용해 2009년에 호미곶면으로 명칭을 바꾸었고, 2012년에는 충청북도 단양군수는 경상북도 영주시 의회가 조례를 통해 영주시 단산면을 소백산면으로 변경한 것에 대해 지방자치단체 중앙분쟁조정위원회에 조정신청을 제기하였다(제165조). 그리고 행정안전부장관이 단양군수 주장을 받아들여 해당 조례를 개정하도록 이행명령을 발하자 다시 영주시장이 대법원에 조정결정사항의 이행을 위한 직무이행명령이의소송을 제기하였으나(제188조제6항) 패소한 사례도 있다.[2]

---

1) 헌법재판소 2008.3.27. 2006헌라1 전원재판부.
2) 대법원 2016.7.22. 2012추121 판결.

다만 앞의 사례는 지방자치단체가 아니라 산하 행정구역인 면(面)의 명칭변경 사례인데, 지방자치법에 따르면 지방자치단체의 명칭변경은 법률로 정한다고하기 때문이다. 현행법에 따르면 지방자치단체 명칭변경은 입법자의 몫이지만 관계 지방자치단체 의회(주민투표법 제8조에 의한 주민투표가 있는 경우는 예외)가 필수 요건이라는 점에서 지방자치단체의 정체성이나 자치권의 내용에 포함된다는 점은 분명하다.

지방자치단체의 명칭을 둘러싼 법적 다툼은 헌법재판소의 권한쟁의심판에서 해결되기도 한다. 헌법재판소는 KTX 경부선 역사명칭(천안·아산역) 사건에서 당시 건설교통부장관이 해당 역사 명칭을 '천안아산역(온양온천)'으로 결정한 것은 권한쟁의심판의 대상이 되는 처분에 해당하지만, 아산시(심판청구인)가 관할 구역 내에서 국가의 영토고권과 같은 배타적 자치권을 가지는 것은 아니므로 이를 각하하였다.[3]

(2) 구역

지방자치단체의 구역은 자신의 자치권을 행사할 수 있는 지역 범위를 말하며 지역공동체의 식별에 핵심적 요소라 할 수 있다. 지방자치단체의 구역을 둘러싼 법적 문제는 입법(지방자치법 제5조)과 실무는 물론 법원과 헌법재판소의 판단을 통해 점차 구체적인 해결이 모색되고 있으나 여전히 뜨거운 감자임에는 분명하다.

1) 구역 범위를 결정하는 방법

지방자치단체의 구역을 어떻게 정할지는 해당 지방자치단체의 위세는 물론 선거와 조례의 지역적 한계인 동시에 지방세를 거둘 범위이기도 해서 민감한 사안이다. 지방자치단체의 구역을 어떻게 결정할 것인가에 관한 기준을 법률에서 정하면 편할 수도 있지만, 지리적 여건(하천의 수류, 해안선의 구도와 길이, 현재의 연육관계 등)[4]과 역사적 상황을 통해 구획된다고 이해하는 것이 일반적이다. 헌법재판소는 육지는 지적법에 따라 지적공부상의 기재를 기준으로 하고 공부상 기재의 오류가 명백

---

3) 헌법재판소 2006.3.30. 2003헌라2 전원재판부.

4) 일본 와카야마(和歌山) 지방재판소 1995년 3월 1일 판결(김해룡, 13~15쪽; 한혜진, 7쪽)과 독일의 국가공공계약(Staatsvertrag)의 사례(강기홍, "공유수면 매립지의 경계분쟁에 관한 법적 고찰: 독일의 유사사례와 관련하여", 한국지방행정학회 세미나 발표논문집, 2013), 프랑스 행정법원 판례(C.E. 1er Juin 1984, Commune de Vieux-Boucau)를 들 수 있다.

하거나 기재 내용을 신뢰하기 어려운 특별한 사정이 있는 경우에는 지형도, 기타
역사적·행정적 관련 자료를 종합해서 판단해야 한다고 하였다.[5]

그리고 바다에 대해서도「수산업법」등에서 지방자치단체의 해양에 관한 지방자
치단체장의 행정 권한을 인정하는 점을 들어(반대로 집행기관의 권한 행사이지 지방자
치단체의 권한은 아니라는 견해가 있다) 구역에 속한다는 견해가 일반적이다. 이 두 입
장은 헌법재판소 결정에도 나타나 있는데, 다수 입장은 긍정설과 같다.[6] 다만 경계
의 확정 기준을 무엇으로 할 것인가에 대해서는 아래서 보는 것처럼 헌법재판소의
법리에 변화가 있었다.

2) 지방자치법 제5조와 헌법재판소[7] 그리고 대법원[8] 판결

지방자치단체의 구역은 국가의 영토(땅과 바다 및 하늘)의 한 부분이기도 하지만
현실적으로 구역 범위에 관한 문제는 특정한 땅(토지)이 어느 지방자치단체에 속하
는지가 가장 문젯거리가 된다. 특히 간척사업을 통한 공유수면 매립에 따른 구역설
정의 문제는 일찍부터 헌법재판소와 대법원에서 다투어진 바 있다. 입법을 통해 사
전에 이 문제를 해결하면 좋겠지만 지방자치법은 원칙적인 견해만 밝히고 있었는
데 "지방자치단체의 구역은 종전과 같다"라고 규정하였다. 그런데 문제가 된 공유
수면 매립지(주로 바다를 메운 간척지)의 귀속에 관한 문제에 대한 "종전"의 상태에
대한 실체적·절차적 기준이 무엇인가는 민감하지만 풀어야 할 과제였다.

이에 대해 2004년에 헌법재판소는 '해상경계선'이라는 기준을 제시하였다가(2000
헌라2결정) 2015년에는 이를 변경하였다(2010헌라2 결정).[9] 2004년 권한쟁의심판 당

---

5) 헌법재판소 2008.12.26. 2005헌라11 전원재판부.

6) 헌법재판소 2006.8.31. 2003헌라1 전원재판부.

7) 헌법재판소 2004.9.23. 2000헌라2 결정. 다만 이러한 헌법재판소의 권한쟁의심판 결정은 2009년
  개정 전 지방자치법 제4조 제1항에 규정된 지방자치단체의 관할구역에는 육지뿐만 아니라 육지에
  접속된 바다인 공유수면도 포함된다고 보는 태도를 전제로 한다(남복현, 219쪽).

8) 대법원 2013.11.14. 2010추73 판결.

9) 헌법재판소 2015.7.30. 2010헌라2 결정. 헌법재판소는 "국가기본도상의 해상경계선은 국토지리정
  보원이 국가기본도상 도서 등의 소속을 명시할 필요가 있는 경우 해당 행정구역과 관련하여 표시
  한 선으로서, 여러 도서 사이의 적당한 위치에 각 소속이 인지될 수 있도록 실지측량 없이 표시한
  것에 불과하므로, 이 해상경계선을 공유수면에 대한 불문법상 행정구역에 경계로 인정해 온 종전
  의 결정은 이 결정의 견해와 저촉되는 범위 내에서 이를 변경하기로 한다"고 판시하였다. 그리고

시에도 헌법재판소 내부에서도 의견의 차이가 있었고, 현실 상황에 적합하지 않은 경우가 나타남으로써 관련 지방자치단체들의 불만을 해결하기에는 부족하였다. 이에 따라 일본 법제를 참고하여 2009년에 지방자치법을 개정하여 행정자치부(현재는 행정안전부) 장관이 지방자치단체 중앙분쟁조정위원회의 심의·의결에 따라 공유수면 매립지가 속할 지방자치단체를 결정하도록 하였다. 또한 관련 지방자치단체는 이에 대한 이의가 있는 경우에 특별 항고소송을 대법원에 제기할 수 있도록 하였다(개정 전 제4조제3항).

그리고 변경된 조항(현재와 같음)에 따른 첫 대법원 판결이 2013년에 있었다. 대법원은 세 군데 지방자치단체(군산시, 김제시, 부안군)에 걸쳐 있는 새만금 앞바다에 매립지의 귀속에 중요한 역할을 하는 방조제 일부(전체 4개 가운데 제3호와 제4호)에 대한 행정안전부(당시에는 안전행정부)장관의 결정(전라북도 군산시에 있다고 하였다)이 적법하다고 하면서 원고청구를 기각(김제시장과 부안군수) 및 각하(김제시와 부안군)하였다(대법원판결 별지3. 도면인 [그림 1] 참조).

대법원은 공유수면매립지 구역결정 기준에 관한 해상경계선 기준(헌법재판소)에 대한 효력을 제한적으로 보고 새만금 개발지구에서의 향후 토지이용계획, 매립이후의 연육관계, 주민생활 편의성, 행정의 효율성을 중요한 고려요소로 인식하였다. 그리고 다툼이 된 방조제 제3호, 제4호뿐만 아니라 새만금 방조제 구간 매립지 전체에 걸쳐 귀속주체를 판단하였다.

___

헌법재판소는 "양 지방자치단체의 이익을 동등하게 다루고자 하는 규범적 관념에 기초한 등거리 중간선 원칙, 관련 행정구역의 관할 변경, 행정권한의 행사 연혁이나 사무 처리의 실상, 죽도와 이 사건 쟁송해역이 지리적으로나 생활적으로 긴밀히 연계되어 있는 상황 등을 고려하여 형평의 원칙에 따라서 청구인과 피청구인의 육상지역과 죽도, 안면도, 황도의 각 현행법상 해안선(약최고고조면 기준)만을 고려하여 등거리 중간선 원칙에 따라 획정한 선으로 함이 타당하다고 하면서 태안군수가 행한 태안마을 제136호, 제137호의 어업면허처분 중 청구인의 관할권한에 속하는 구역에 대해서 이루어진 부분은 청구인의 지방자치권을 침해하여 권한이 없는 자에 의하여 이루어진 것이므로 그 효력이 없다"고 판시하였다.

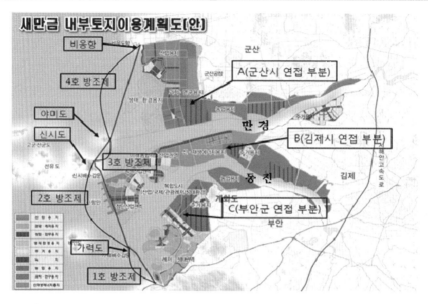

그림 1

한편 헌법재판소는 2020년에 충청남도, 당진시, 아산시가 평택항 공유수면 매립지 관할권을 두고 행정안전부장관, 평택시, 국토교통부장관을 상대로 제기한 권한쟁의심판에서 공유수면의 경계를 그대로 매립지의 '종전' 경계로 인정하기는 어렵고, 새로 만들어진 매립지는 2009년 개정된 지방자치법 제4조제3항에 따라 동조제1항이 처음부터 배제되어 종전의 관할구역과의 연관성이 단절되고, 행정안전부장관의 결정이 확정됨으로써 비로소 관할 지방자치단체가 정해지며, 그 전까지 해당 매립지는 어느 지방자치단체에도 속하지 않으므로 청구인의 자치권이 침해되거나 침해될 현저한 위험이 있다고 보기 어렵다고 하여 심판청구를 각하하였다.10) 그리고 2021년에 대법원은 행정안전부장관의 위 평택당진항 매립지에 관하여 한 지방자치단체 관할 귀속 결정 중 충청남도 당진시 일정 지번(다음 [그림 2]의 ①－⑥) 및 미등록 매립지 총 679,589.8㎡ 부분이 속할 지방자치단체를 경기도 평택시로 정한 부분을 취소하라는 청구를 기각하였다.11)

---

10) 헌법재판소 2020.7.16. 2015헌라3 전원재판부.

11) 대법원 2021.2.4. 2015추528 판결.

그림 2

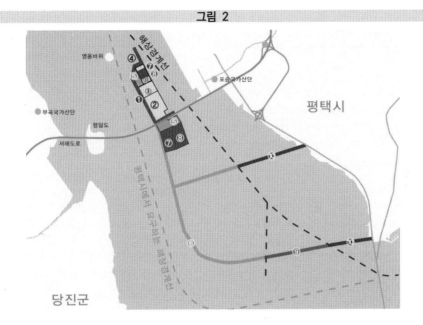

※ **지방자치법상 특별지방자치단체(제12장)와 지방자치단체조합(제8장제3절)의 내용**

특별지방자치단체	지방자치단체조합
제196조(설치) ① 2개 이상의 지방자치단체가 공동으로 특정한 목적을 위하여 광역적으로 사무를 처리할 필요가 있을 때에는 특별지방자치단체를 설치할 수 있다. 이 경우 특별지방자치단체를 구성하는 지방자치단체(이하 "구성 지방자치단체"라 한다)는 상호 협의에 따른 규약을 정하여 구성 지방자치단체의 지방의회 의결을 거쳐 행정안전부장관의 승인을 받아야 한다. ② 행정안전부장관은 제1항 후단에 따라 규약에 대하여 승인하는 경우 관계 중앙행정기관의 장 또는 시·도지사에게 그 사실을 알려야 한다. ③ 특별지방자치단체는 법인으로 한다. ④ 특별지방자치단체를 설치하기 위하여 국가 또는 시·도 사무의 위임이 필요할 때에는 구성 지방자치단체의 장이 관계 중앙행정기관의 장 또는 시·도지사에게 그 사무의 위임을 요청할 수 있다.	제176조(지방자치단체조합의 설립) ① 2개 이상의 지방자치단체가 하나 또는 둘 이상의 사무를 공동으로 처리할 필요가 있을 때에는 규약을 정하여 지방의회의 의결을 거쳐 시·도는 행정안전부장관의 승인, 시·군 및 자치구는 시·도지사의 승인을 받아 지방자치단체조합을 설립할 수 있다. 다만, 지방자치단체조합의 구성원인 시·군 및 자치구가 2개 이상의 시·도에 걸쳐 있는 지방자치단체조합은 행정안전부장관의 승인을 받아야 한다. ② 지방자치단체조합은 법인으로 한다.

⑤ 행정안전부장관이 국가 또는 시ㆍ도 사무의 위임이 포함된 규약에 대하여 승인할 때에는 사전에 관계 중앙행정기관의 장 또는 시ㆍ도지사와 협의하여야 한다.

⑥ 구성 지방자치단체의 장이 제1항 후단에 따라 행정안전부장관의 승인을 받았을 때에는 규약의 내용을 지체 없이 고시하여야 한다. 이 경우 구성 지방자치단체의 장이 시장ㆍ군수 및 자치구의 구청장일 때에는 그 승인사항을 시ㆍ도지사에게 알려야 한다.

제197조(설치 권고 등)
행정안전부장관은 공익상 필요하다고 인정할 때에는 관계 지방자치단체에 대하여 특별지방자치단체의 설치, 해산 또는 규약 변경을 권고할 수 있다. 이 경우 행정안전부장관의 권고가 국가 또는 시ㆍ도 사무의 위임을 포함하고 있을 때에는 사전에 관계 중앙행정기관의 장 또는 시ㆍ도지사와 협의하여야 한다.

제198조(구역)
특별지방자치단체의 구역은 구성 지방자치단체의 구역을 합한 것으로 한다. 다만, 특별지방자치단체의 사무가 구성 지방자치단체 구역의 일부에만 관계되는 등 특별한 사정이 있을 때에는 해당 지방자치단체 구역의 일부만을 구역으로 할 수 있다.

제201조(의회의 조직 등)
① 특별지방자치단체의 의회는 규약으로 정하는 바에 따라 구성 지방자치단체의 의회 의원으로 구성한다.

② 제1항의 지방의회의원은 제44조제1항에도 불구하고 특별지방자치단체의 의회 의원을 겸할 수 있다.

③ 특별지방자치단체의 의회가 의결하여야 할 안건 중 대통령령으로 정하는 중요한 사항에 대해서는 특별지방자치단체의 장에게 미리 통지하고, 특별지방자치단체의 장은 그 내용을 구성 지방자치단체의 장에게 통지하여야 한다. 그 의결의 결과에 대해서도 또한 같다.

제202조(집행기관의 조직 등)
① 특별지방자치단체의 장은 규약으로 정하는 바에 따라 특별지방자치단체의 의회에서 선출한다.

제180조(지방자치단체조합의 지도ㆍ감독)
② 행정안전부장관은 공익상 필요하면 지방자치단체조합의 설립이나 해산 또는 규약 변경을 명할 수 있다.

제177조(지방자치단체조합의 조직)
① 지방자치단체조합에는 지방자치단체조합회의와 지방자치단체조합장 및 사무직원을 둔다.

② 지방자치단체조합회의의 위원과 지방자치단체조합장 및 사무직원은 지방자치단체조합규약으로 정하는 바에 따라 선임한다.

③ 관계 지방의회의원과 관계 지방자치단체의 장은 제44조제1항과 제109조제1항에도 불구하고 지방자치단체조합회의의 위원이나 지방자치단체조합장을 겸할 수 있다.

② 구성 지방자치단체의 장은 제109조에도 불구하고 특별지방자치단체의 장을 겸할 수 있다.

③ 특별지방자치단체의 의회 및 집행기관의 직원은 규약으로 정하는 바에 따라 특별지방자치단체 소속인 지방공무원과 구성 지방자치단체의 지방공무원 중에서 파견된 사람으로 구성한다.

제199조(규약 등)

① 특별지방자치단체의 규약에는 법령의 범위 안에서 다음 각 호의 사항이 포함되어야 한다.

  1. 특별지방자치단체의 목적
  2. 특별지방자치단체의 명칭
  3. 구성 지방자치단체
  4. 특별지방자치단체의 관할 구역
  5. 특별지방자치단체의 사무소의 위치
  6. 특별지방자치단체의 사무
  7. 특별지방자치단체의 사무처리를 위한 기본계획에 포함되어야 할 사항
  8. 특별지방자치단체의 지방의회의 조직, 운영 및 의원의 선임방법
  9. 특별지방자치단체의 집행기관의 조직, 운영 및 장의 선임방법
  10. 특별지방자치단체의 운영 및 사무처리에 필요한 경비의 부담 및 지출방법
  11. 특별지방자치단체의 사무처리 개시일
  12. 그 밖에 특별지방자치단체의 구성 및 운영에 필요한 사항

② 구성 지방자치단체의 장은 제1항의 규약을 변경하려는 경우에는 구성 지방자치단체의 지방의회 의결을 거쳐 행정안전부장관의 승인을 받아야 한다. 이 경우 국가 또는 시·도 사무의 위임에 관하여는 제196조제5항 및 제6항을 준용한다.

③ 구성 지방자치단체의 장은 제2항에 따라 행정안전부장관의 승인을 받았을 때에는 지체 없이 그 사실을 고시하여야 한다. 이 경우 구성 지방자치단체의 장이 시장·군수 및 자치구의 구청장일 때에는 그 승인사항을 시·도지사에게 알려야 한다.

제200조(기본계획 등)

① 특별지방자치단체의 장은 소관 사무를 처리하기 위한 기본계획(이하 "기본계획"이라 한다)

제179조(지방자치단체조합의 규약)

지방자치단체조합의 규약에는 다음 각 호의 사항이 포함되어야 한다.

  1. 지방자치단체조합의 명칭
  2. 지방자치단체조합을 구성하는 지방자치단체
  3. 사무소의 위치
  4. 지방자치단체조합의 사무
  5. 지방자치단체조합회의의 조직과 위원의 선임방법
  6. 집행기관의 조직과 선임방법
  7. 지방자치단체조합의 운영 및 사무 처리에 필요한 경비의 부담과 지출방법
  8. 그 밖에 지방자치단체조합의 구성과 운영에 관한 사항

을 수립하여 특별지방자치단체 의회의 의결을
받아야 한다. 기본계획을 변경하는 경우에도 또
한 같다.
② 특별지방자치단체는 기본계획에 따라 사무를
처리하여야 한다.
③ 특별지방자치단체의 장은 구성 지방자치단체
의 사무처리가 기본계획의 시행에 지장을 주거
나 지장을 줄 우려가 있을 때에는 특별지방자치
단체의 의회 의결을 거쳐 구성 지방자치단체의
장에게 필요한 조치를 요청할 수 있다.

**제178조(지방자치단체조합회의와 지방자치단체조
합장의 권한)**
① 지방자치단체조합회의는 지방자치단체조합
의 규약으로 정하는 바에 따라 지방자치단체조
합의 중요 사무를 심의 · 의결한다.
② 지방자치단체조합회의는 지방자치단체조합
이 제공하는 서비스에 대한 사용료 · 수수료
또는 분담금을 제156조제1항에 따른 조례로
정한 범위에서 정할 수 있다.
③ 지방자치단체조합장은 지방자치단체조합을
대표하며 지방자치단체조합의 사무를 총괄한다.

제203조(경비의 부담)
① 특별지방자치단체의 운영 및 사무처리에 필
요한 경비는 구성 지방자치단체의 인구, 사무처
리의 수혜범위 등을 고려하여 규약으로 정하는
바에 따라 구성 지방자치단체가 분담한다.
② 구성 지방자치단체는 제1항의 경비에 대하여
특별회계를 설치하여 운영하여야 한다.
③ 국가 또는 시 · 도가 사무를 위임하는 경우에
는 그 사무를 수행하는 데 필요한 재정적 지원
을 할 수 있다.

제204조(사무처리상황 등의 통지)
특별지방자치단체의 장은 대통령령으로 정하는 바
에 따라 사무처리 상황 등을 구성 지방자치단체의
장 및 행정안전부장관(시 · 군 및 자치구만으로 구
성하는 경우에는 시 · 도지사를 포함한다)에게 통지
하여야 한다.

제180조(지방자치단체조합의 지도 · 감독)
① 시 · 도가 구성원인 지방자치단체조합은 행정
안전부장관, 시 · 군 및 자치구가 구성원인 지
방자치단체조합은 1차로 시 · 도지사, 2차로
행정안전부장관의 지도 · 감독을 받는다. 다만,
지방자치단체조합의 구성원인 시 · 군 및 자치
구가 2개 이상의 시 · 도에 걸쳐 있는 지방자
치단체조합은 행정안전부장관의 지도 · 감독을
받는다.

제206조(해산)

  ① 구성 지방자치단체는 특별지방자치단체가 그 설치 목적을 달성하는 등 해산의 사유가 있을 때에는 해당 지방의회의 의결을 거쳐 행정안전부장관의 승인을 받아 특별지방자치단체를 해산하여야 한다.

  ② 구성 지방자치단체는 제1항에 따라 특별지방자치단체를 해산할 경우에는 상호 협의에 따라 그 재산을 처분하고 사무와 직원의 재배치를 하여야 하며, 국가 또는 시·도 사무를 위임받았을 때에는 관계 중앙행정기관의 장 또는 시·도지사와 협의하여야 한다. 다만, 협의가 성립하지 아니할 때에는 당사자의 신청을 받아 행정안전부장관이 조정할 수 있다.

제181조(지방자치단체조합의 규약 변경 및 해산)

  ① 지방자치단체조합의 규약을 변경하거나 지방자치단체조합을 해산하려는 경우에는 제176조제1항을 준용한다.

  ② 지방자치단체조합을 해산한 경우에 그 재산의 처분은 관계 지방자치단체의 협의에 따른다.

 참고문헌

강지은, "지방자치단체의 명칭권에 관한 소고 − 프랑스 지방자치법제를 중심으로 −", 「공법학연구」 제17권 제2호, 한국비교공법학회, 2016.5., 269~290쪽.

남복현, "공유수면매립지의 경계획정을 둘러싼 법적 분쟁에 있어 실체법적 사항", 「공법연구」 제38집 제1호 제2권, 한국공법학회, 2009.10., 219~220쪽.

한혜진, "새만금 방조제(제1·2호)에 대한 합리적인 관할결정 방안의 고찰 − 대법원 2013. 11.14. 선고 2010추73판결을 중심으로 −", 지방자치단체 중앙분쟁조정위원회·한국지방자치법학회 공동주최 학술토론회 발표문, 2014.9.18.

김해룡, "공유수면 매립지 행정구역(귀속)결정에 관한 법제소고 − 새만금 방조제 제3호, 제4호 지방자치단체 귀속 결정에 관한 대법원 판결을 보고", 「토지공법연구」 제64집, 한국토지공법학회, 2014.2., 1~23쪽.

김상태, "공유수면 매립지의 관할구역 결정과 사법적(司法的) 분쟁해결제도", 「행정법연구」 제30호, 행정법이론실무학회, 2011.8., 133~157쪽.

김수진, "지방자치단체의 명칭권에 관한 연구", 「지방자치법연구」 제9권 제4호, 한국지방자치법학회, 2009.12., 169~189쪽.

최우용, "지방자치단체의 구역 및 경계에 관한 법적 과제", 「지방자치법연구」 제11권 제3호, 한국지방자치법학회, 2011.9., 91~120쪽.

제2절   지방자치단체의 조례와 단체장의 규칙

제28조(조례)
① 지방자치단체는 법령의 범위에서 그 사무에 관하여 조례를 제정할 수 있다. 다만, 주민의 권리 제한 또는 의무 부과에 관한 사항이나 벌칙을 정할 때에는 법률의 위임이 있어야 한다.
② 법령에서 조례로 정하도록 위임한 사항은 그 법령의 하위 법령에서 그 위임의 내용과 범위를 제한하거나 직접 규정할 수 없다.[12]

제29조(규칙)
지방자치단체의 장은 법령 또는 조례의 범위에서 그 권한에 속하는 사무에 관하여 규칙을 제정할 수 있다.

제30조(조례와 규칙의 입법한계)
시·군 및 자치구의 조례나 규칙은 시·도의 조례나 규칙을 위반해서는 아니 된다.

제31조(지방자치단체를 신설하거나 격을 변경할 때의 조례·규칙 시행)
지방자치단체를 나누거나 합하여 새로운 지방자치단체가 설치되거나 지방자치단체의 격이 변경되면 그 지방자치단체의 장은 필요한 사항에 관하여 새로운 조례나 규칙이 제정·시행될 때까지 종래 그 지역에 시행되던 조례나 규칙을 계속 시행할 수 있다.

지방자치단체는 자유로이 자신의 권한에 속한 사항에 대하여 의사결정을 내릴 수 있다. 지방자치의 내용인 지방자치단체의 자치권 행사는 자치입법권의 범위와 직접 관련된다. 헌법 제117조제1항과 지방자치법 제28조제1항과 제29조와 「지방교육자치에 관한 법률」 제25조는 자치입법 형식인 지방자치단체의 조례와 지방자치단체장과 교육감의 규칙에 대해 규정을 두고 있다. 특별한 행정입법인 조례는 주민의 복리에 관한 사항에 관하여 법령의 범위 안에서 지방분권의 전제인 지방자치단체가 자유로이 제정하는 규율이기도 하지만 주권의 단일불가분성에서 나오는 규범

---

12) 지방자치법 부칙 제3조(조례의 제정범위를 제한하는 하위 법령 금지에 관한 적용례) 제28조제2항의 개정규정은 이 법 시행 이후 최초로 제정·개정되는 하위 법령부터 적용한다.

체계의 통일성이라는 한계를 가진 자치입법이라는 특징을 가진다. 우리 지방자치법은 자치입법 형식으로 지방자치단체의 조례와 단체장의 규칙을 인정하는데, 일반적으로 자치입법이라 함은 조례를 의미하는 점에서 이하에서도 조례를 중심으로 보기로 한다.

1. 지방자치단체가 제정하는 특별한 행정입법

(1) 국가입법과는 구별되는 고유한(sui generis) 자치입법

지역경제의 활성화, 지방문화의 정체성과 고유성에 대한 회복, 지역공동체의 활성화 등 다양한 지역(지방)의 이익을 위한 지역고유의 자체적인 제도형성과 집행을 위한 자치입법의 정비와 조정은 필연적 수단이 되고 있다. 지방자치단체의 자치입법권의 역할을 제대로 수행하기 위한 구체적이고 다양한 노력에도 불구하고 법률규정과 행정실무 및 법원의 해석과정에서 법률우위와 법률유보 원칙에 의한 필터링을 통해 자치입법의 한계가 드러나고 있다.

헌법상 입법권은 국회에 있다 보니 비록 제한적이긴 하지만 나름 민주적 정당성을 가진 지방자치단체의 조례제정은 국가의 행정입법과 어떻게 차별화되는지에 대해서도 설명하는 온도의 차이가 있다. 전통적으로 우리의 자치입법은 지방자치단체가 제정하는 자치법규로 설명하고 있다. 지방자치의 본질에 관한 전래권설에 기초하여 행정입법의 카테고리에서 자치입법을 수용하다보니 자치입법권권 행사로서 조례제정은 헌법이 보장하는 자치에 관한 규율이라는 점보다는 헌법과 법령의 범위 안에서 제정할 수 있는 행정입법이라는 점에 더 무게가 실렸고 법치행정의 틀 안에서 이루어져야 함이 강조되었다. 이와는 반대로 헌법이 보장하는 지방자치의 실현을 위해서는 지방자치단체의 조례제정은 자치권에 근거한 국가(의 행정)입법과는 구별되는 독자적 성격의 입법이라는 점을 강조하는 입장도 있다(지방자치의 본질에 관한 고유권설과 자주입법설의 견해).

지방자치단체를 행정기관으로 이해하고 지방자치단체의 의결기관에 해당하는 지방의회 역시 행정기관으로 이해하는 경우에는 자치입법권은 일종의 지방행정기관의 행정입법 행위로 이해할 수 있다. 하지만 현행 헌법의 취지에 비추어 볼 때 자치입법은 헌법 제117조제2항에서 나오는 것으로서 헌법 제40조에 규정된 입법권의 국회독점의 예외현상을 특별히 지방자치의 장을 통해 규정한 것으로 볼 수 있다. 헌법상 대통령령(제75조)이나 총리령·부령(제95조)처럼 국가의 정부에 관한 장이 아니라 별도의 지방자치의 장에서 규정하고 있는 점에서 국가입법의 한 부분인 위임입법과는 다른 차원에서 논의해야 할 독자적 성격이 강한 독특한 성질을 가지는 것이다. 지방자치단체의 자치입법권의 보장은 지역의 문제는 해당 지역의 주민이 그 현실을 가장 잘 판단할 수 있다는 점 외에도 규범을 정립하는 주체와 수범자간 간격을 줄이고 자율적이고 탄력적인 규율이 가능하다는 점에서 헌법이 보장하는 지방자치를 구체화하는 기능을 수행한다.[최환용] 따라서 일부 문헌의 표현처럼 국가입법과 자치입법의 역할 배분은 지방분권의 핵심지표라 할 수 있다.

(2) 자치입법의 종류와 내용

1) 조례

조례는 지방자치단체가 법령의 범위 안에서 그 사무에 관해 제정하는 일반적이고 추상적인 규율이다(제28조제1항). 다만 반드시 규율내용의 일반성을 엄격하게 요청받는 것은 아니고 외부적 법 효과를 가져야만 하는 것은 아니다. 따라서 행정주체가 하는 행정입법으로서의 법규명령과 똑같이 볼 수 없다. 그리고 조례는 헌법이 보장하는 지방자치의 내용인 지방자치단체의 자치법규라는 점이 헌법이 인정하는 행정권의 명령제정과 차이가 있다. 여기서 자치는 행정상 분권을 전제로 할 때 이해가 가능한 국가와 구별되는 공법인의 자율적 규율을 뜻한다.

외국 법제를 소개하면서 독일의 기초자치단체인 게마인데의 자치법규(satzung)를 우리의 조례와 비교하는데, 행정상 분권은 분권화된 공법인의 자율적 규율을 요소로 하므로 틀린 것은 아니지만 독일의 satzung은 지방자치단체만 제정권한을 가지는 것은 아니라는 점에 동일한 의미는 아니라고 보아야 한다.

① 조례는 법규명령인가?

예스(Yes) 아니면 노(No)를 요구하는 질문이라면 예스(Yes)라고 해야 한다. 조례(자치입법)든 법규명령(국가입법)이든 양자 모두 행정주체가 하는 입법이라는 점은 분명하다. 다만 국가입법의 경우 타율적인 법 정립 작용이기 때문에 권력분립에 반하지 않는 개별적이고 구체적인 특별한 법률상의 수권을 요구한다(헌법 제75조와 제95조). 이에 비해 조례는 일반적이고 포괄적인 수권(授權)으로도 충분하다.13) 그리고 법률로 조례에 위임하는 경우에도 반드시 (법규명령처럼) 구체적으로 범위를 정할 필요는 없다. 그동안 지방자치의 헌법적 보장과 지방의회의 민주적 정당성을 이유로 내세웠다.

② 조례의 성질

조례는 실질적 의미의 법규이지만 법률과는 달리 법령의 범위 안에서 제정되는 규범이이어서 상위의 법질서와 충돌하는 경우 무효가 된다. 자치입법인 조례는 전국에 걸쳐 효력이 동일한 것이 아니라 지방자치단체의 구역 안에서만 효력을 갖는 지역차원의 규범이지만 국가입법과는 달리 자율적 의사에 의한 고유한 자주성을 가진 규범이다. 관점에서 따라 설명의 강도의 차이는 있지만 조례는 기본적으로 행정권에 의한 입법이란 점을 특징으로 들 수 있다.

한편 조례제정청구권이 주민의 권리로 인정되고 있으나, 대법원 판결14)에서 보는 것처럼 주민의 요구로 자치입법권이 현실화되는 경우에 대한 국가의 적법성 통제가 강화되고 있다는 점에서 지방자치단체의 장을 상대로 하는 지방자치법 제19조제1항의 조례제정과 개정·폐지청구는 일정한 제약이 있다.

2) 규칙

지방자치단체의 장은 법령 또는 조례가 위임한 범위 안에서 그 권한에 속하는 사무에 관하여 규칙을 제정할 수 있다(제29조).

① 규칙도 자치법규인가?

규칙이란 말은 헌법이나 법률에서 많이 나오는 단어라서 의미가 헷갈리는 입법형식이다. 지방자치 영역에서 규칙은 지방자치단체의 장이 지방자치법 등이 정하

---

13) 대법원 1997.4.25. 96추251 판결.
14) 대법원 2005.9.9. 2004추10 판결.

는 방식에 따라 정립하는 법형식이다. 규칙은 그 자체로 독자적 의미를 갖기도 하지만 실무에서는 조례를 구체화하는 기능을 수행한다. 실제로 지방자치단체장의 규칙에 대해 전문가나 실무가의 뜨거운 관심과 주목이 있었던 것은 아니지만 지방자치법 제30조(규칙뿐만 아니라 조례도 포함)는 기초자치단체의 규칙의 광역자치단체의 규칙에 위반금지를 규정하고 있어 문제가 된다.

서로 독립적이고 별도의 정체성을 가진 공법인인 기초자치단체와 광역자치단체의 우열관계를 표현하는듯한 해당 조항은 후견적 감독의 편의를 위한 규정이다. 보충성원칙에 의한 기초단체의 권한의 존중과 중복되거나 경합적인 권한 행사시에 기초자치단체를 우선하는 현행 지방자치법 제14조제3항의 규정을 고려해 본다고 해도 제30조의 제목(조례와 규칙의 입법한계)이나 내용은 삭제하거나 변경해야 한다.

② 조례와 규칙사이의 서열

원칙적으로 지방자치단체의 기본적인 의사형식은 조례로서 중요한 사항이나 주민의 기본권 관련 사항은 모두 조례에 의한다고 보아야 하며, 이른바 지방차원의 의회유보/중요사항유보(지방자치단체의 중요한 문제는 지방의회가 스스로 결정해야 한다)가 적용되어야 할 것이다. 조례와 규칙은 그 제정절차나 효력 면에서 현실적인 차이가 있고 두 자치입법 내용이 충돌하는 경우라면 조례가 우선한다.15)

2. 조례의 구체적 검토16)

(1) 여전히 논란 중인 지방자치법 제28조제1항

헌법 제40조에서 입법권은 국회에 있고(국회의 법률제정권의 독점) 제117조제1항

---

15) 대법원 1995.7.11. 94누4615 판결(교재에 자주 인용되는 판결로 원고(건설회사)에 대한 서울특별시 영등포구청장의 건설영업정지처분의 근거가 서울특별시 행정권한위임조례로 제정될 수 없는 사항이라 위법하다는 사건이었다. 왜냐하면 위의 처분은 당시 건설부장관의 권한에 속하는 것으로서 이를 지방자치단체장에게 위임하여 행사하기 위해서는 자치사무인 지방자치단체의 조례가 아니라 지방자치단체장(서울특별시장)의 규칙제정을 통해서 했어야만 했기 때문이다).

16) 제28조제2항이 신설되어 법령에서 조례로 정하도록 위임한 사항은 그 법령의 하위 법령에서 그 위임의 내용과 범위를 제한하거나 직접 규정할 수 없도록 하였다. 조례와 규칙의 공포에 관한 부분이 대통령령으로 정하고 있던 것을 제33조(조례와 규칙의 공포 방법 등)를 신설하여 법률로 끌어 올렸다.

에서 지방자치단체는 자치에 관한 규정을 법령의 범위 안에서 제정한다고 규정하고 있다. 국가입법과 달리 자치입법인 조례의 경우 대통령이나 총리·각부의 장관이 제정하는 명령처럼 위임입법에 관한 구체적 한계를 헌법에 명시하지 않았다고 하지만, 지방자치단체의 조례는 법령의 범위를 넘어서지 못하는 제약이 있다. 지방자치법 제28조는 본문에서는 자치에 관한 사무에 관해 법령의 범위에서 조례를 제정할 수 있지만, 주민의 권리제한 또는 의무부과에 관한 사항, 다시 말해, 규제사항이나 벌칙을 정하는 사항은 법률의 위임을 요구한다(제28조제1항 단서). 단서 부분은 인권보장과 국민의 기본권 제약사항은 반드시 법률로 해야 함을 확인한 것인데 뭐가 문제냐 할 수도 있지만(합헌설), 뭔가 이상하다는 생각도 들 수 있다. 국가행정도 그렇지만 지방행정 더구나 자치행정과 관련해 지방자치단체의 조례가 규제적 사항이나 의무 위반에 대한 벌칙사항을 법률에 위임 없으면 제정하지 못할 것 같으면 헌법상 지방자치 보장의 의미는 퇴색되기 때문이다(위헌설).

① 제28조제1항 본문 : "법령의 범위 안에서"

가. 제28조제1항 본문 해석론

대부분의 교재는 제28조제1항의 "법령의 범위 안에서"의 의미는 자치입법이면서 행정입법이기도 한 조례와 자치행정의 법률적합성을 선언한 것이라고 적고 있다. 대법원 판결에서도 지방자치단체는 "법령에 위반되지 않는 한" 그 사무에 관해 조례를 제정할 수 있으며 만일 법령에 위반되는 경우에는 효력이 없다고 하였다.[17]

위의 내용에 대한 해석과 관련해 종래 일본 학설인 '법률선점론(法律先占論)'이 소개되었다. 지금은 내용이 조금씩 수정되었지만, 국가입법(법률)에서 이미 규율(선점)하는 영역에 대해 자치입법인 조례가 같은 목적으로 다시 이를 규정하는 것은 허용되지 않는다는 것이 주된 내용이다. 따라서 법률에서 정하지 않은 사항(공백상태에 있거나 규제 대상은 법률과 동일하지만 목적이 다르거나 대상이 같아도 국가법령의 규제 밖의 사항을 조례로 정한 경우)에 대해서는 조례제정이 가능하며, 나중에 제정된 법률이 조례의 내용과 충돌하는 경우(새 법률에 대한 현행 조례의 효력 문제)에는 그 조례는 이른바 법률을 초과하는 조례가 되어 위법하다고 하였다.^{최철호}

---

17) 대법원 2013.9.27. 2011추94 판결.

지방자치단체의 주민의 복리에 관한 자치사무를 조례로 제정하는 경우에 관련 법령에 근거가 없는 경우에는 헌법이나 제28조제1항 단서에 반하지 않는다면 특별한 문제가 없다. 그러한 점에서 보면 제28조제1항은 헌법 제117조제1항과 함께 지방(자치)사무에 관한 지방자치단체의 일반권한조항(지방분권의 의의 부분 참고)의 의미도 함께 가진다. 법률이 굳이 "자치(고유)사무"에 관하여 라는 표현을 정하지 않는 것으로 보아 단체위임사무의 경우도 특별한 수권이 없더라도 조례제정이 가능하다[18]. 다만 개별법령에서 기관위임사무에 관한 사항을 조례로 정할 것을 규정하고 있는 경우에는 제28조제2항의 위임조례 제정이 가능하지만, 이 경우는 지방자치단체의 자치입법으로서 조례 제정과는 무관하다 할 것이다.

미국 지방자치법상 선점주의(Preemption)와 딜런 룰(Rule of Dillon)[박민영]

미합중국(United States of America)이라는 연방국가에 우리가 말하는 지방자치법이 있는지는 의문이지만 주 정부(State)와 지방자치단체(municipality)[19]사이의 권한의 부여, 다시 말해, 지방자치단체의 자치권[20]의 범위에 관해 주 정부든 자치단체든 완화된 딜런원칙이나 자치헌장(Home Rule)에 반하지 않는 경우에 양자가 먼저 입법권을 행사하면 선점(preemption)을 인정할 수 있다는 주장이 선점주의이다. 약간 의역하자면 다른 법률이 정하지 않은 사항에 대하여 지방자치단체는 주법이 이미 규정하고 있거나 주 법률과 경합하고 있는 경우 말고는 자치입법이 인정된다. 주 법률과 자치법규가 충돌하는 경우로는 우리나라에서의 논의와 유사하게 주 법률이 정한 기준 보다 강한 제한을 하거나, 주 법률 보다 더 무거운 금전상 제제를 하는 경우, 주 법률에서 금지하는 사항을 자치법규에서 규정하는 것은 금지된다.

그렇다면 딜런원칙이 무엇인지에 대해 언급해야 할 것인데, 딜런원칙은 아이오와(Iowa) 주 대법관 Johm. F. Dillon판사가 1868년 판결(Clintonv. Cedar Rapids)에서 제시한 지자체의 권한과 주의 통치권이 미치는 범위에 관해 밝힌 원칙으로 1903년 연방대법원 판결에서 이를 수용하였다. 딜런원칙의 골자는 주가 우월하다(State supremacy)는 것인데, 다양한 지방자치단체는 주 정부의 피조물로서 주법에 따라 ①명문으로 수여된 권한 ②명시된 권한에 필연적으로 수반되는 권한 ③당해 지방자치단체가 선언한 목적을 달성

---

18) 대법원 1999.9.17. 99추30 판결.

함에 불가결한 권한 등에 대해서만 권한을 행사하며, 이러한 사항이 불명확한 사안에 대해 자치권은 부인된다고 하였다.

딜런 룰에 대해 찬반의 견해가 있었고, 특히 미시간(Michigan)주 대법관인 쿨리(Cooley) 판사는 지방자치단체는 주의 법률에 의한 피조물이 아니라 독자적인 독립정부이며 이들의 자치권은 주의 법률에 구속받지 않는다는 천부의 자연권으로 주장하였다. 쿨리의 주장(Cooley doctrine)이 딜런 룰을 대체하였다고 보기는 어렵지만, 20세기로 넘어오면서 미국 정치의 근대화와 엽관시스템의 문제점과 부패에 대한 염증과 동부의 거점 도시의 성장에 따른 거대도시의 등장과 기반의 확충 그리고 이를 관리하기 위한 행정조직의 확대와 정지는 자연스럽게 주 정부와 지방자치단체의 자치권 획정을 위한 협상과 분쟁의 과정에서 전통적인 자치헌장과 딜런 룰에 대한 완화된 기준적용 등이 함께 논의되었다.

나. 초과조례

지방자치법 제28조제1항 본문의 해석과 관련해 '초과조례(超過條例)'와 '추가조례(追加條例)'[21]에 관한 논의가 있다. 초과조례는 법령과 조례가 동일한 사항을 동일한 규율목적으로 규정하고 있는 경우에, 법령이 정한 기준을 초과하여 보다 강화되거나 약화된 기준을 정한 조례가 법률우위원칙에 반하는 것인가에 관한 것이다. 침

---

19) 보통은 카운티(County)가 대표적으로 볼 수 있는 자치단체이나 그 아래 township, town 등으로 분할되며 법인화된 Municipality(자치단체)로서 City, Village등 다양하게 존재한다. 물론 주의 법률에서 그 설립 요건과 권한이 정해진다고는 하나 우리처럼 통일된 법률이 있어 하향식으로 정해지는 것과는 출발점에서 많은 차이가 있다.

20) 미국 지방자치에 관한 논의에서 말하는 자치권은 영국의 커먼로(Common Law)에서 유래하였다. 그리고 어원인 municipium은 원래 로마제국에서 유래하며 공화제(共和制)를 지칭하였다가 이후에는 자치도시를 의미하였다. 5세기에 서로마제국이 붕괴되면서 자치에 준하는 정치적 경제적 공동체로서 자치도시는 성공적으로 정착되었다고 한다. 중세 봉건제 하에서 영지에서 일정한 독자기능을 갖추고 지배력을 확보하면서 도시의 특권(city charter)을 통해 강력한 자치관리권을 위임받으면서 자치권의 범위는 확대되었다. 다만 절대왕권이 유럽 대륙에서 정착되면서 이러한 자치권을 가진 공동체의 독자성과 고유권(자치권)이 축소되었다. 미국의 경우 영국이 지배권을 행사하였고 영국의 식민지하의 관련 법률에 의해 일정 부분 독자적 지위를 보장받게 되었고, 남북전쟁 이후 영국의 지배체제의 영향이 사라지면서 각주에서 제정하는 법률을 통해 자치공동체의 형태가 정비되었다고 한다. 실제로 19세기 중반까지만 해도 지금과 같은 자치공동체의 독자성 내지 자치권을 확보할 만한 법적 제도적 기반이 마련되었다고 보기는 어려웠다(박민영).

21) 국가법령과 조례의 규율하는 목적은 동일하나 규율대상이나 사항을 달리(추가)하는 조례를 말한다. 일본에서는 횡출(橫出)조례라고 한다. 일본에서는 상승(上乘)조례와는 달리 추가조례의 가능성을 긍정적으로 보지만 우리의 경우 제28조 단서에 비추어 볼 때 권리 제한적이거나 의무부담적인 추가조례는 위법하다고 한다(박균성).

익(侵益)초과조례의 사례로 경기도 수원시의회의 차고지 확보제도 조례안 재의결 무효확인판결[22]이 있고, 수익(受益)초과조례의 사례로 광주광역시 동구의회의 생계비지원 조례안 재의결 무효확인판결[23]과 강원도 정선군의 세 자녀 이상 세대 양육비 지원에 관한 조례안 재의결 무효확인 판결[24] 등이 있다.

일정분야에 있어서 법령이 규율하고 있지 아니하는 경우, 다시 말해, 국가입법이 공백인 분야에 대해 조례가 이를 규율할 수 있는 것인가[25]에 대해 자치입법인 조례가 국가의 법령과의 저촉관계가 발생하지 않는 경우에서 가능한 것으로 보는 것이 타당하다. 왜냐하면, 법률의 공백이 자치사무와 관련하여 헌법이 보장하는 자유와 권리의 보장을 위해 규율하여야 할 사항을 규정하지 않았거나 충분하지 않은 경우에는 조례를 통해 그 공백과 미비를 보완가능 할 수 있다고 해석된다. 그러나 규율영역이 주민의 권리·의무와 관한 사항인 경우 자치사무라 하더라도 제28조 단서에 따라 조례에 의한 규율은 제한적일 수밖에 없고, 비권력적 사무라 하더라도 그 사무의 성질상 국민 전체의 이해관계와 관련되어 어떤 특정지역에서만 시행될 수 없는, 이른바 국가사무로 평가되는 경우도 마찬가지여서 법령의 공백이 있다고 해서 조례제정이 완전히 자유롭다고 보기는 어렵다.

다행스럽게도 법원은 위의 초과조례 사례에서 법령과 조례가 동일 사항에 대하여 서로 다른 목적을 위하여 규율하고 있더라도 조례의 적용으로 인하여 법령 규정의 목적과 효과가 저해되지 않거나 양자가 동일한 목적에서 출발한 것이라고 할

22) 대법원 1997.4.25. 96추251 판결(교재에 자주 인용되는 판결로 대법원은 원고(경기도지사)가 수원시의회의 '수원시 자동차 차고지 확보 등에 관한 조례안'에 대한 재의결은 효력이 없다고 하였다. 왜냐하면 조례안은 차고지 확보 대상차량을 자동차 운수사업 법령이 정한 기준보다 확대하고, 차고지확보 입증서류의 미제출을 자동차등록 거부사유로 정하여 자동차관리법령이 정한 자동차 등록기준 보다 더 높은 수준의 기준을 부가하여, 비록 그 법률적 위임근거는 있지만 그 내용이 차고지 확보기준 및 자동차등록기준에 관한 상위법령의 제한범위를 초과하였기 때문이다).
23) 대법원 1997.4.25. 96추244 판결(제4장 제2절에서 설명하는 기관소송 제2유형에 해당하는 지방의회의 조례안재의결 무효확인소송의 예이다). 대법원은 대상 조례안이 정하고자 하는 특정사항(생활유지의 능력이 없거나 생활이 어려운 자에 대한 생계비 지원)에 관하여 이미 법령이 존재하고 (구「생활보호법」·「지방재정법」) 그 목적 및 취지를 같이 하는 것이긴 하지만 보호대상자 선정의 기준 및 방법, 보호의 내용을 생활보호법의 그것과는 다르게 규정함과 동시에 생활보호법 소정의 자활보호대상자 중에서 사실상 생계유지가 어려운 자에게 생활보호법과는 별도로 생계비를 지원하는 것을 그 내용으로 하는 것이라면 국가 법령에 위반하지 않는다고 하였다.
24) 대법원 2006.10.12. 2006추38 판결.
25) 뒤의 다. 부분에 해당한다.

지라도 국가의 법령이 반드시 그 규정에 의하여 전국에 걸쳐 일률적으로 동일한 내용을 규율하려는 취지가 아니고 각 지방자치단체가 그 지방의 실정에 맞게 별도로 규정하는 것을 용인하는 취지라고 해석되는 때에는 당해 조례가 위법하지 않다고 판단하고 있다.

한편 대법원은 조례규정이 상위법령의 가능한 해석범위를 넘어 확장함으로써 위임의 한계를 벗어난 새로운 입법을 한 것과 다름없으면 효력이 없다고 판시하고 있다.26) 그리고 앞의 설명과 달리 현실에서 추가조례인지 초과조례인지에 대해 판단이 어려운 경우도 있다.27)

다. 국가입법의 공백영역에 대한 선점 조례-자치입법이 국가입법을 촉구하는 경우

대통령령인 「지방공휴일에 관한 규정」이 2018년 7월 10일 제정되었다. 알려진 바와 같이 위 대통령령은 2018년 3월 제주특별자치도 의회의 "4.3. 희생자 추념일의 지방공휴일 지정에 관한 조례" 제정 논란이 가져온 결과였다. 당시 정부는 제주특별자치도 4.3희생자 추념일의 지방공휴일 지정에 관한 조례안 제정 취지에는 충분히 공감하나, 「관공서의 공휴일에 관한 규정」 등 현행 법령에 위반된다고 판단되어 지방자치법 제172조(현행 제192조)에 따라 재의요구를 요청하였다. 이에 따라 도의회는 동 조례안을 재의결하였으나, 행정안전부는 지방공휴일에 조례안에 대한 대법원 제소지시 등 추가적인 법적 조치는 않기로 결정한 바 있으며, 정부는 2018년 7월 3일 지방자치단체도 지역에서 의미 있는 날을 지방공휴일로 지정할 수 있는 지방자치단체의 공휴일에 관한 규정안을 심의·의결하였고 7월 10일 공포·시행하였다.

자치입법이 국가입법을 선도하는 대표적 예로는 익히 알려진 청주시 행정정보공개조례안 재의결확인 소송이 있다.28)

---

26) 서울특별시 서초구 폐기물처리시설 설치비용 징수와 기금설치 및 운용에 관한 조례(대법원 2018.11.29. 2016두35229 판결); 경상북도 청송군 도시계획조례(대법원 2019.10.17. 2018두40744 판결).
27) 충청북도 단양군 공유재산관리조례(대법원 2000.11.24. 2000추29 판결).
28) 대법원 1995.12.22. 95추32 판결.

② 제28조제1항 단서 : "법률의 위임이 있어야"

지방자치단체가 제정하는 조례도 주민의 권리 제한 또는 의무부과에 관한 사항이나 벌칙을 정하는 경우에는 법률의 위임이 있어야 한다. 그러한 위임 없이 주민의 권리제한이나 의무를 부과하는 사항을 정한 조례는 위법하여 효력이 없다.[29)]

자치사무 중에 규제사항과 조례위반에 따른 벌칙은 개별 법률의 위임이 있어야만 한다면 과연 지방자치단체의 자치입법권은 무슨 의미가 있을까 하는 것이 위 단서조항의 위헌논쟁이다.

가. 위헌설[30)]

위헌설은 조례는 자치입법이기도 하지만 타율적 규범이 아니라 자주입법이라는 점을 강조한다. 자치의 의미를 autonomous뿐만 아니라 independent로 받아들여 보다 적극적으로 본다. 따라서 굳이 국가의 법률에 반하는 조례제정이 아니라면 기존의 법령에 위반되지 않는 한 법률유보의 적용을 받지 않고 법률의 위임 없이도 자치사무에 관해서는 조례제정이 가능하다는 입장이다. 조례가 위임입법으로 전락되어서는 안 된다는 점을 강조한다. 지방자치단체의 조례제정권은 헌법 제117조에서 직접 보장되어 있고 이와는 다른 해석 논란을 야기하는 지방자치법 제28조제1항 단서 조항은 삭제되어야 한다고 주장한다. 현실적으로 단서조항을 강하게 내세우면 지방자치단체의 자치행정을 위한 조례제정 가능성은 형해화(形骸化)되는 것이나 다름 없음을 강조한다.

나. 합헌설[31)]

합헌설은 법률유보원칙의 기본권보장 기능의 측면을 강조하는 견해이다. 지방자치법 제28조제1항 단서는 헌법 제37조제2항의 기본권 제한 입법의 한계로 제시된 형식적 의미의 국회 제정 입법형식인 법률을 뜻하며 조례라는 행정입법 형식을 원칙적으로 인정하지 않는다는 것을 의미한다. 단서조항은 법치행정의 내용인 법률

---

29) 경기도 교육청 전자파 취약계층보호 조례안 판결(대법원 2017.12.5. 2016추5162 판결)에서 법원은 조례(안)의 일부가 무효인 경우에 그 조례(안 재의결) 전부에 대해 무효로 보았다.

30) 박윤흔·정형근, 유상현, 이기우·하승수, 김영천 교수의 교재와 논문에서 확인할 수 있다.

31) 성낙인, 정종섭, 김동희, 박균성, 류지태·박종수, 홍정선 교수의 교재와 논문에서 확인할 수 있다.

유보 원칙을 확인한 조항이며 지방자치의 제도보장의 내용인 지방자치단체의 자치
입법권의 본질적 내용의 침해는 아니라고 한다. 법령체계의 통일성 차원에서 기관
위임 사무가 아니라면 법률유보원칙에 따라 법령과 충돌되는 조례제정은 불가하지
만, 법령 규정이 없거나 오히려 위임을 주고 있다면 그 조례는 가능하다는 해석론
도 합헌설에 가깝다. 다만 합헌설에서도 현행 조항은 개정되어야 한다는 견해가 더
많은데, 다수는 법률에 위반하지 않아야 함을 추가하여야 한다고 한다.

(2) 훨씬 더 많은 위임조례 – 제28조제2항

지방자치의 실질적 척도를 조례제정의 수준과 범위에서 찾는다면 일반적으로 조
례는 자치조례를 말한다. 자치조례는 말 그대로 지방자치단체가 법령의 범위 안에
서 직접적이고 개별적인 법령의 근거 없이도 제정하는 조례이다. 하지만 현실에서
는 이보다는 조례 제정의 근거가 개별적으로 법령에서 규정되었기 때문에 제정되는
위임조례가 더 많다. 이를 위임조례라 하고 지방자치법은 "법령에서 조례로 정하도
록 위임한 사항은 그 법령의 하위 법령에서 그 위임의 내용과 범위를 제한하거나
직접 규정하지 못한다"고 규정하고 있다(제28조제2항). 이러한 위임조례가 많은 것은
각종 규제사항이나 벌칙조항의 경우 제28조제1항 단서에 따라 개별 법률의 위임이
있어야 하므로 실무적으로 자치조례에 해당하는 사항도 아예 개별 법률차원에서 이
를 입법하고 조례로 정할 것을 규정하는 것이 관행적으로 되었기 때문이다.[조정찬]

그리고 규제 대상인 지역주민의 불만을 주민의 대표자인 지방의회의 조례에 의
함으로써 갈등과 책임을 분산하고 국가입법의 획일성의 약점을 지방자치의 다양성
으로 보완하는 순기능과 함께 현실적으로 입법역량의 수준 차이와 행정권한의 지
방이양 이후에도 일정한 가이드라인을 통해 영향력을 행사하고자 하는 중앙정부의
의도라는 부차적 기능이 혼재되어 있다.

한편 위임의 정도와 관련해 자치입법인 조례는 국가입법인 시행령이나 시행규칙
과 같이 구체적 위임(수권)이 요구되는가에 대해 포괄적 위임으로 족하다는 입장이
주류적 입장이다. 다만 기관위임사무에 관한 조례는 구체적 위임이 있어야 한다는
절충설도 있다. 판례도 절충설 입장이라는 견해[박균성]가 있으나 엄격하게 구분하고
있다고 보기는 어렵다.[32]

(3) 조례와 과태료 - 제34조와 제156조제2항

과태료는 행정상 질서에 장애를 우려할 야기할 우려가 있는 의무위반 행위에 대한 금전적 제재로서 지방자치단체는 조례를 위반한 행위에 대하여 1천만원 이하의 과태료를 조례로 정할 수 있다(제34조제1항). 그리고 제156조제2항은 사기나 부정한 방법으로 사용료·수수료 또는 분담금의 징수를 면하는 자에 대하여는 그 징수를 면한 금액의 5배 이내의 과태료를, 공공시설을 부정사용한 자에 대하여는 50만원 이하의 과태료를 부과하는 조례를 정할 수 있다고 규정한다.

앞에서 본 위임조례와 같이 상위법령에서 과태료 조례에 관한 규정을 두고 있거나 상위 법령의 위임이 없어도 독자적으로 지방자치단체의 조례로 정할 수 있다. 과태료 부과에 관한 조례는 지방자치법 제28조제1항 단서를 생각하면 법률의 위임이 있어야 하는 침익적 조례이다. 하지만 행정벌이나 과징금, 이행강제금 그리고 범칙금처럼 행정상 의무이행강제를 위한 금전적 제재수단과는 달리 과태료의 경우 현실적으로 지방행정 사무의 대부분인 위임사무의 이행확보와 자치사무에 관한 자치법규의 고유한 집행수단의 양면성을 고려하여 별도로 제34조와 제156조의 명문규정을 통해 법률의 위임이 없어도 지방자치단체의 과태료조례를 인정하고 있다.^{선정원}

(4) 조례의 제정과 공포

1) 조례안의 제출

조례안도 지방자치단체의 의결기관인 지방의회의 의안 중 하나이므로 지방자치법 제76조에서 정한 요건에 따라 발의절차가 진행된다. 2021년 개정 전에는 '재적의원 5분의 1 이상 또는 의원 10명 이상의 연서'로 규정되었던 부분이 '조례로 정하는 수'로 변경되었다. 이러한 일반의안과 달리 재정부담을 수반하는 의안(조례안)은 의결에 앞서 미리 지방자치단체장의 의견을 듣도록 규정한다(제148조). 2021년 개정 전에는 제15조에서 정하는 지방자치단체의 주민은 조례의 제정과 개정·폐지를 청구할 수 있어서 주민의 조례안 작성을 소개하기도 하였으나, 개정 법률 제19조에서는 별도로 이에 관한 법률을 제정하도록 하였다.

---

32) 대법원 2019.10.17. 2018두40744 판결.

제76조(의안의 발의)

① 지방의회에서 의결할 의안은 지방자치단체의 장이나 조례로 정하는 수 이상의 지방의회의원의 찬성으로 발의한다.

② 위원회는 그 직무에 속하는 사항에 관하여 의안을 제출할 수 있다.

③ 제1항 및 제2항의 의안은 그 안을 갖추어 지방의회의 의장에게 제출하여야 한다.

④ 제1항에 따라 지방의회의원이 조례안을 발의하는 경우에는 발의 의원과 찬성 의원을 구분하되, 해당 조례안의 제명의 부제로 발의 의원의 성명을 기재하여야 한다. 다만, 발의 의원이 2명 이상인 경우에는 대표발의 의원 1명을 명시하여야 한다.

⑤ 지방의회의원이 발의한 제정조례안 또는 전부개정조례안 중 지방의회에서 의결된 조례안을 공표하거나 홍보하는 경우에는 해당 조례안의 부제를 함께 표기할 수 있다.

제148조(재정부담이 따르는 조례 제정 등)

지방의회는 새로운 재정부담이 따르는 조례나 안건을 의결하려면 미리 지방자치단체의 장의 의견을 들어야 한다.

제19조(조례의 제정과 개정 · 폐지 청구)

① 주민은 지방자치단체의 조례를 제정하거나 개정하거나 폐지할 것을 청구할 수 있다.

② 조례의 제정 · 개정 또는 폐지 청구의 청구권자 · 청구대상 · 청구요건 및 절차 등에 관한 사항은 따로 법률[33]로 정한다.

지방자치법 제148조의 경우 새로운 재정적 부담을 수반하는 조례 제정에 있어 지방재정의 건전성 확보 차원에서 예산을 편성하는 집행기관인 단체장의 의견을 듣도록 하였다.

---

33) 2021년 10월 19일 「주민조례발안에 관한 법률」이 제정되어 지방자치법 전면개정법률과 같이 시행되고 있다(아래 행정안전부 자료 참조).

	<청구자>	<단체장>	<청구자>	<단체장>	<지방의회>
이전	조례안 작성 (작성 지원×)	⇒ 대표 신청 (방문)	⇒ 서명 수집 (대면, 온라인)	⇒ 조례·규칙 심의회 (위법성 심사)	⇒ 심의·의결 (기한 없음)
	<청구자>	<의회의장>	<청구자>		<지방의회>
현행	조례안 작성 (작성 지원○)	⇒ 대표 신청 (방문, 온라인)	⇒ 서명 수집 (서명수 완화)	⇒ (생략)	⇒ 심의·의결 (1년 이내)

그런데 문제는 지방의회가 이를 지키지 않은 경우에 지방의회의 의결이나 조례안 재의결은 위법한 의결로서 무효인가 하는 점이다. 이와 관련해 지방의회가 현직의원과 전직의원으로 구성된 사단법인(○○구 의정회)을 설치와 지원을 주된 내용으로 하는 조례안에 대한 의결과 재의결을 하면서 구청장의 의견을 들어야하는 절차를 거치지 않았다고 해서 곧바로 무효라 할 수 없다는 판례도 있다.[34] 제148조를 강행규정으로 해석하지 않기 때문이다. 하지만 조례 제정의 적법요건인 절차에 관한 강행규정으로 이해하거나 판례의 취지는 공감하면서 재의결의 경우 무효로 해야 한다거나^{홍정선} 해당 조례의 효력을 부인하거나 예산편성 거부를 인정해야 한다는 견해^{강주영}가 설득력을 가진다.

2) 조례안의 예고

제77조(조례안 예고)
① 지방의회는 심사대상인 조례안에 대하여 5일 이상의 기간을 정하여 그 취지, 주요 내용, 전문을 공보나 인터넷 홈페이지 등에 게재하는 방법으로 예고할 수 있다.
② 조례안 예고의 방법, 절차, 그 밖에 필요한 사항은 회의규칙으로 정한다

3) 지방의회의 의결 · 단체장의 재의요구와 조례의 확정

조례안이 지방의회에서 의결되면 지방의회의 의장은 의결된 날부터 5일 이내에 그 지방자치단체의 장에게 이송하여야 한다(제32조제1항). 이때 의결정족수는 특별히 규정한 경우를 제외하고는 과반수 출석과 출석의원 과반수로 의결한다(제73조제1항). 지방의회 의장은 의결에서 표결권을 가지며, 찬성과 반대가 같으면 부결된 것으로 본다(제73조제2항).

우리처럼 지방자치단체의 조직 구성이 기관대립형 구조인 경우 대통령의 법률안 거부권 행사와 같은 단체장의 재의요구가 인정되고 있다. 단체장은 이송받은 조례안에 대하여 이의가 있으면 제32조제2항의 기간에 이유를 붙여 지방의회로 환부(還付)하고, 재의(再議)를 요구할 수 있다. 이 경우 지방자치단체의 장은 조례안의

---

34) 대법원 2004.4.23. 2002추16 판결.

일부에 대하여 또는 조례안을 수정하여 재의를 요구할 수 없다(제32조제3항). 그리고 이러한 조례안 의결에 대한 거부권 행사에 대해 지방의회는 가중의결정족수로 동일한 의결을 함으로써 조례안을 조례로 확정시킨다(제32조제4항).

4) 조례의 공포와 효력발생

원칙적으로 조례의 공포권자는 지방자치단체장인데, 제32조제1항의 조례안을 이송받으면 20일 이내에 공포하여야 한다(제32조제2항). 한편, 지방자치단체의 장은 재의결로 확정된 조례(제32조제4항)나 단체장이 공포기간 내에 공포하지 아니하거나 재의요구를 하지 않은 조례(제32조제5항)를 지체 없이 공포해야 하는데, 단체장에게 이송된 후 5일이 지나도록 공포하지 않은 경우에는 지방의회 의장이 확정된 조례를 공포한다(제32조제6항). 공포된 조례는 특별한 규정이 없으면 공포한 날부터 20일이 지나면 효력이 발생한다(제32조제8항).

2021년 개정 전에는 지방자치법 시행령에 조례와 규칙의 공포에 관한 사항이 규정되었으나(구법 제26조제9항) 관련 내용을 제33조에서 규정하고 있다. 자치입법의 가치를 인정하는 점에서 바람직한 입법태도이다.

제32조(조례와 규칙의 제정 절차 등)
① 조례안이 지방의회에서 의결되면 지방의회의 의장은 의결된 날부터 5일 이내에 그 지방자치단체의 장에게 이송하여야 한다.
② 지방자치단체의 장은 제1항의 조례안을 이송받으면 20일 이내에 공포하여야 한다.
③ 지방자치단체의 장은 이송받은 조례안에 대하여 이의가 있으면 제2항의 기간에 이유를 붙여 지방의회로 환부(還付)하고, 재의(再議)를 요구할 수 있다. 이 경우 지방자치단체의 장은 조례안의 일부에 대하여 또는 조례안을 수정하여 재의를 요구할 수 없다.
④ 지방의회는 제3항에 따라 재의 요구를 받으면 조례안을 재의에 부치고 재적의원 과반수의 출석과 출석의원 3분의 2 이상의 찬성으로 전(前)과 같은 의결을 하면 그 조례안은 조례로서 확정된다.
⑤ 지방자치단체의 장이 제2항의 기간에 공포하지 아니하거나 재의 요구를 하지 아니하더라도 그 조례안은 조례로서 확정된다.
⑥ 지방자치단체의 장은 제4항 또는 제5항에 따라 확정된 조례를 지체 없이 공포하여야 한

다. 이 경우 제5항에 따라 조례가 확정된 후 또는 제4항에 따라 확정된 조례가 지방자치단체의 장에게 이송된 후 5일 이내에 지방자치단체의 장이 공포하지 아니하면 지방의회의 의장이 공포한다.

⑦ 제2항 및 제6항 전단에 따라 지방자치단체의 장이 조례를 공포하였을 때에는 즉시 해당 지방의회의 의장에게 통지하여야 하며, 제6항 후단에 따라 지방의회의 의장이 조례를 공포하였을 때에는 그 사실을 즉시 해당 지방자치단체의 장에게 통지하여야 한다.

⑧ 조례와 규칙은 특별한 규정이 없으면 공포한 날부터 20일이 지나면 효력을 발생한다.

제33조(조례와 규칙의 공포 방법 등)

① 조례와 규칙의 공포는 해당 지방자치단체의 공보에 게재하는 방법으로 한다. 다만, 제32조제6항 후단에 따라 지방의회의 의장이 조례를 공포하는 경우에는 공보나 일간신문에 게재하거나 게시판에 게시한다.

② 제1항에 따른 공보는 종이로 발행되는 공보(이하 이 조에서 "종이공보"라 한다) 또는 전자적인 형태로 발행되는 공보(이하 이 조에서 "전자공보"라 한다)로 운영한다.

③ 공보의 내용 해석 및 적용 시기 등에 대하여 종이공보와 전자공보는 동일한 효력을 가진다.

④ 조례와 규칙의 공포에 관하여 그 밖에 필요한 사항은 대통령령으로 정한다.

참고문헌

강주영, "조례입법의 재정법적 문제−재정수반조례를 중심으로−",「지방자치법연구」제 17권 제4호, 한국지방자치법학회, 2017.6., 12∼13쪽.

문상덕, "국가와 지방자치단체간 입법권 배분−자치입법의 해석론과 입법론−",「지방자 치법연구」제12권 제4호, 한국지방자치법학회, 2012.12, 49∼53쪽.

박균성, 행정법론(하), 박영사, 2021, 182∼195쪽.

박민영, "미국 지방자치법상 Dillon의 원칙과 선점주의의 조화",「지방자치법연구」제11권 제4호, 2011.12., 337∼357쪽.

선정원, "침익적 위임조례에 있어 위임의포괄성과 그 한계",「지방자치법연구」제12권 제 4호, 한국지방자치법학회, 2018.12., 205∼207쪽.

전훈, "자치입법과 국가입법의 갈등과 해결",「법학논고」제68집, 경북대학교 법학연구원, 2020.1., 57∼81쪽.

조정찬, "위임조례 위주의 조례입법 극복방안",「지방자치법연구」제4권 제2호, 한국지방 자치법학회, 2004.12., 35쪽.

최승원·양승미, "조례와 법률우위원칙에 대한 소고",「지방자치법연구」제9권 제4호, 한 국지방자치법학회, 2009.12., 265쪽.

최철호, "일본 지방자치법상 자치입법권의 해석 및 한계",「지방자치법연구」제7권 제3호, 한국지방자치법학회, 2007.9., 346∼351쪽.

홍정선, 신지방자치법, 박영사, 2022, 293∼325쪽.

제3장

지방자치단체의 권한과 사무

 제1절　보충성에 따른 사무의 배분

제11조(사무배분의 기본원칙)

① 국가는 지방자치단체가 사무를 종합적 · 자율적으로 수행할 수 있도록 국가와 지방자치단체 간 또는 지방자치단체 상호 간의 사무를 주민의 편익증진, 집행의 효과 등을 고려하여 서로 중복되지 아니하도록 배분하여야 한다.

② 국가는 제1항에 따라 사무를 배분하는 경우 지역주민생활과 밀접한 관련이 있는 사무는 원칙적으로 시 · 군 및 자치구의 사무로, 시 · 군 및 자치구가 처리하기 어려운 사무는 시 · 도의 사무로, 시 · 도가 처리하기 어려운 사무는 국가의 사무로 각각 배분하여야 한다.

③ 국가가 지방자치단체에 사무를 배분하거나 지방자치단체가 사무를 다른 지방자치단체에 재배분할 때에는 사무를 배분받거나 재배분받는 지방자치단체가 그 사무를 자기의 책임 하에 종합적으로 처리할 수 있도록 관련 사무를 포괄적으로 배분하여야 한다.

제12조(사무처리의 기본원칙)

① 지방자치단체는 사무를 처리할 때 주민의 편의와 복리증진을 위하여 노력하여야 한다.

② 지방자치단체는 조직과 운영을 합리적으로 하고 규모를 적절하게 유지하여야 한다.
③ 지방자치단체는 법령을 위반하여 사무를 처리할 수 없으며, 시·군 및 자치구는 해당 구역을 관할하는 시·도의 조례를 위반하여 사무를 처리할 수 없다.

제14조(지방자치단체의 종류별 사무배분기준)
③ 시·도와 시·군 및 자치구는 사무를 처리할 때 서로 겹치지 아니하도록 하여야 하며, 사무가 서로 겹치면 시·군 및 자치구에서 먼저 처리한다.

국가와 지방자치단체 또는 지방자치단체 간 권한배분을 이야기할 때 '전가(傳家)의 보도(寶刀)'처럼 자주 인용되는 단어로 보충성원칙이라는 것이 있다. 원래 로마제국의 군사용어로 출발했던 보충성원칙은 중세 교회의 행정조직을 규율하는 원칙으로서, 현재는 유럽연합의 출범을 통해 유럽연합과 회원국 사이의 권한배분원칙이 되었다. 지방분권이 세계적 조류가 된 현재 우리 실정법에서도 보충성원칙에 관한 내용을 찾아볼 수 있는데, 분권화된 지방자치단체의 사무를 어떻게 나누고 처리하는지에 대한 철학적 기초가 되고 있다.

1. 보충성원칙

(1) 의의

보충성은 라틴어 Subsidium에서 어원을 찾을 수 있는데, 로마제국 시절 예비군, 증원군의 파병(subsidio miterre), 지지·원조 내지 보조라는 다양한 의미로 사용되었다.[1] 아울러 보충성은 부차적 또는 차선이라는 측면과 보충 내지는 보완이라는 의미로 사용되었다. 하지만 공동체의 조직상 원칙으로 등장한 보충성원칙은 중세 교회법(까논법, Droit canonique)에서 출발점을 찾는데, 현재 우리가 이해하는 보충성원칙은 1931년 교황 비오 11세(Pie XI)의 교서(敎書)에서 찾는 것이 일반적이다. 피라미드식 위계질서가 인정되는 전체 공동체 속에서 하위공동체에 대한 상위공동

---

1) 행정조직상의 보충성 원칙은 이중 세 번째의 의미와 관련성을 가진다. 즉 사회공동체 속에서의 관계를 용이하게 하기위한 사회적 그룹의 조직을 돕기 위한 의미에서 파악된다.

체의 개입의 한계로 등장하는 보충성은 가톨릭교회의 조직구성 원칙으로서 만 아니라 시민사회와 국가 사이에서도 적용되는 일반적 원리로서 확장되어 이해되고 있다.2)

　　개정 지방자치법은 중앙과 지방의 사무배분 기본원칙을 신설하였는데, 제11조제2항은 지역주민생활과 밀접한 관련이 있는 사무는 원칙적으로 기초자치단체가 처리하고 그 처리가 어려운 경우 광역자치단체 그리고 지방자치단체가 처리하기 어려운 사무는 국가사무로 하도록 하였다. 그리고 제14조제3항은 기초자치단체와 광역자치단체의 사무처리 경합의 금지와 사무가 중복된 경우에는 기초자치단체가 먼저 처리하도록 하였다. 「지방자치분권 및 지방행정체제개편에 관한 특별법」(2013년 5월 18일 제정, 최종개정 2022년 4월 27일)은 국가와 지방자치단체의 권한과 합리적 배분을 통한 양자의 기능조화를 "지방분권"이라고 정의하고3) 지방자치와 관련되는 법령개정의 지침으로서의 성격을 분명히 하고 있다(지방분권법 제4조). 지방분권의 기본원칙인 보충성원칙은 사무배분의 원칙(지방분권법 제9조)을 통해 확인할 수 있는데, 제9조제2항과 제3항을 종합해보면 주민생활과 근접성을 갖는 기초지방자치단체가 우선적으로 처리하지 못하는 사무를 광역자치단체가 차후에는 국가가 수행하도록 하였다. 그리고 이 내용은 언급한 개정 지방자치법 제12조에서 동일하게 반복되고 있다. 따라서 우리 지방자치와 지방분권법에도 보충성원칙은 지방자치단체 간의 권한배분의 기본원칙으로 정착되었음을 알 수 있다.

(2) 보충성원칙의 이중성

　　보충성원칙은 소극적인 측면뿐만 아니라 공동체조직의 통일성의 관점에서 이중

---

2) 종교적 기원상 보충성원칙은 토마스 아퀴나스가 처음 언급한 것으로 알려져 있는데 (Subsidiari of ficii principium), 실제로는 Aristoles가 언급한 개념을 재구성한 것으로서 국가의 모든 권력에 대해 개인을 우선적으로 보호하기 위해서였다. 보충성원칙은 15세기에 와서 가톨릭교회 이론으로 채택되어 교황청과 가톨릭국가 간의 관계를 정의하는 데 사용되었다. 그리고 가톨릭교회에서 보충성원칙이 지역교구나 개인을 위한 것으로 발전하게 된 것은 19세기에 오면서부터라 할 수 있다. 보충성원칙은 종교상 배경을 가지지만 17세기에 들어오면서부터 점차적으로 종교적 색채를 벗기 시작하게 된다.

3) 제2조제1호는 지방자치분권(줄여서 자치분권이라 함)에 대한 정의규정인데 2018년 3월 20일 개정을 통해 주민의 직접참여의 확대를 추가하여 '지방자치분권'이란 용어를 만들었다. 지방분권의 내용인 국가와 지방자치단체 간 사무배분의 문제에서 주민의 직접 참여는 서로 상이한 점이 있다.

적으로 이해할 필요가 있다. 일반적으로 보충성은 가족이나 기초공동체의 자율성을 속박하는 위험을 가진 대단위 조직체에 대한 자율성(자치)의 보호를 위해 동원할 수 있는 모든 것이라고 이해된다. 그렇게 본다면 보충성원칙은 상위 공동체의 하위 공동체에 대한 개입의 한계를 의미할 수 있는데, 보충성원칙을 반드시 이러한 소극적 의미로 한정할 필요는 없다.

오히려 그보다는 하위공동체에 대한 국가의 개입을 저지하거나 억제하기 위한 논증에 너무 구속되지 않는 적극적 차원에서 접근하는 노력이 필요하다. 다시 말해, 어원상 파악한 보완 내지는 보충의 관점을 넘어서 서로 관계를 맺고 있는 조직 또는 공동체의 통일성 유지를 위한 관계설정 방식으로 이해하는 관점이 필요하다. 보충성원칙의 출발은 "개인-가족-자생적 기초집단-일정한 공간의 권력자가 지배하는 지방권력단체-국가" 등으로 일정한 계층을 형성해 온 인간 공동체 안에서 상위 단계에게 요청되는 하위 단계 구성원의 자유의 존중의 요구에 있기 때문이다. 공동체의 조직 질서의 통일성이나 체계는 때로는 일방적인 상위 계층의 결정에 의해 결정되기도 하고 하위 공동체의 자율성이 우선하거나 때로는 반대의 상황에서도 가능하다. 중앙행정권한의 지방이양(地方移讓)과 역이양(逆移讓) 및 그 전제로서 국가와 지방자치단체 사이의 사무배분(事務配分)(지방분권특별법 제9조 및 지방자치법 제11조)을 통해 현실화하는 과정(지방자치법 제12조제2항과 제14조제3항)에서 보충성원칙은 기본원칙으로 기능하고 있다.

지방자치분권 및 지방행정체제개편에 관한 특별법

제7조(자치분권의 기본이념)
자치분권은 주민의 자발적 참여를 통하여 지방자치단체가 그 지역에 관한 정책을 자율적으로 결정하고 자기의 책임 하에 집행하도록 하며, 국가와 지방자치단체 간 또는 지방자치단체 상호간의 역할을 합리적으로 분담하도록 함으로써 지방의 창의성 및 다양성이 존중되는 내실 있는 지방자치를 실현함을 그 기본이념으로 한다.

제9조(사무배분의 원칙)
① 국가는 지방자치단체가 행정을 종합적·자율적으로 수행할 수 있도록 국가와 지방자치

단체 간 또는 지방자치단체 상호간의 사무를 주민의 편익증진, 집행의 효과 등을 고려하여 서로 중복되지 아니하도록 배분하여야 한다.

② 국가는 제1항에 따라 사무를 배분하는 경우 지역주민생활과 밀접한 관련이 있는 사무는 원칙적으로 시·군 및 자치구(이하 "시·군·구"라 한다)의 사무로, 시·군·구가 처리하기 어려운 사무는 특별시·광역시·특별자치시·도 및 특별자치도(이하 "시·도"라 한다)의 사무로, 시·도가 처리하기 어려운 사무는 국가의 사무로 각각 배분하여야 한다.

③ 국가가 지방자치단체에 사무를 배분하거나 지방자치단체가 사무를 다른 지방자치단체에 재배분하는 때에는 사무를 배분 또는 재배분 받는 지방자치단체가 그 사무를 자기의 책임 하에 종합적으로 처리할 수 있도록 관련 사무를 포괄적으로 배분하여야 한다.

지방자치법

제11조(사무배분의 기본원칙)

① 국가는 지방자치단체가 사무를 종합적·자율적으로 수행할 수 있도록 국가와 지방자치단체 간 또는 지방자치단체 상호 간의 사무를 주민의 편익증진, 집행의 효과 등을 고려하여 서로 중복되지 아니하도록 배분하여야 한다.

② 국가는 제1항에 따라 사무를 배분하는 경우 지역주민생활과 밀접한 관련이 있는 사무는 원칙적으로 시·군 및 자치구의 사무로, 시·군 및 자치구가 처리하기 어려운 사무는 시·도의 사무로, 시·도가 처리하기 어려운 사무는 국가의 사무로 각각 배분하여야 한다.

③ 국가가 지방자치단체에 사무를 배분하거나 지방자치단체가 사무를 다른 지방자치단체에 재배분할 때에는 사무를 배분받거나 재배분 받는 지방자치단체가 그 사무를 자기의 책임 하에 종합적으로 처리할 수 있도록 관련 사무를 포괄적으로 배분하여야 한다.

제12조(사무처리의 기본원칙)

① 지방자치단체는 사무를 처리할 때 주민의 편의와 복리증진을 위하여 노력하여야 한다.
② 지방자치단체는 조직과 운영을 합리적으로 하고 규모를 적절하게 유지하여야 한다.
제14조(지방자치단체의 종류별 사무배분기준)
③ 시·도와 시·군 및 자치구는 사무를 처리할 때 서로 겹치지 아니하도록 하여야 하며, 사무가 서로 겹치면 시·군 및 자치구에서 먼저 처리한다.

제15조(국가사무의 처리 제한)

지방자치단체는 다음 각 호의 국가사무를 처리할 수 없다. 다만, 법률에 이와 다른 규정이 있는 경우에는 국가사무를 처리할 수 있다.

1. 외교, 국방, 사법(司法), 국세 등 국가의 존립에 필요한 사무
2. 물가정책, 금융정책, 수출입정책 등 전국적으로 통일적 처리를 할 필요가 있는 사무
3. 농산물·임산물·축산물·수산물 및 양곡의 수급조절과 수출입 등 전국적 규모의 사무
4. 국가종합경제개발계획, 국가하천, 국유림, 국토종합개발계획, 지정항만, 고속국도·일반국도, 국립공원 등 전국적 규모나 이와 비슷한 규모의 사무
5. 근로기준, 측량단위 등 전국적으로 기준을 통일하고 조정하여야 할 필요가 있는 사무
6. 우편, 철도 등 전국적 규모나 이와 비슷한 규모의 사무
7. 고도의 기술이 필요한 검사·시험·연구, 항공관리, 기상행정, 원자력개발 등 지방자치단체의 기술과 재정능력으로 감당하기 어려운 사무

2. 기초자치단체와 광역자치단체의 사무배분과 처리

제14조(지방자치단체의 종류별 사무배분기준)

① 제13조에 따른 지방자치단체의 사무를 지방자치단체의 종류별로 배분하는 기준은 다음 각 호와 같다. 다만, 제13조제2항제1호의 사무는 각 지방자치단체에 공통된 사무로 한다.

1. 시·도
   가. 행정처리 결과가 2개 이상의 시·군 및 자치구에 미치는 광역적 사무
   나. 시·도 단위로 동일한 기준에 따라 처리되어야 할 성질의 사무
   다. 지역적 특성을 살리면서 시·도 단위로 통일성을 유지할 필요가 있는 사무
   라. 국가와 시·군 및 자치구 사이의 연락·조정 등의 사무
   마. 시·군 및 자치구가 독자적으로 처리하기 어려운 사무
   바. 2개 이상의 시·군 및 자치구가 공동으로 설치하는 것이 적당하다고 인정되는 규모의 시설을 설치하고 관리하는 사무
2. 시·군 및 자치구
   제1호에서 시·도가 처리하는 것으로 되어 있는 사무를 제외한 사무. 다만, 인구 50만 이상의 시에 대해서는 도가 처리하는 사무의 일부를 직접 처리하게 할 수 있다.

② 제1항의 배분기준에 따른 지방자치단체의 종류별 사무는 대통령령으로 정한다.

③ 시·도와 시·군 및 자치구는 사무를 처리할 때 서로 겹치지 아니하도록 하여야 하며, 사무가 서로 겹치면 시·군 및 자치구에서 먼저 처리한다.

헌법은 지방자치단체의 사무로 '주민의 복리에 관한 사무'라는 포괄적이고 불확정 개념을 사용한다. 다시 말해, 개별 법령상의 특별규정이 없더라도 지방자치단체는 일반권한조항에 해당하는 헌법 제117조제1항의 규정에 의거하여 주민의 복리사무를 처리할 수 있다. 하지만 헌법상 보장되는 사무의 범위가 모든 종류의 지방자치단체에서 동일해야 하는 것은 아니다. 광역자치단체와 기초자치단체의 사무가 동일할 수는 없다. 지방자치법은 지방자치단체의 종류에 따른 사무배분을 규정하고 있으며 국가사무의 처리 제한에 대해 규정하고 있다.

(1) 자치사무의 포괄성과 광역-기초 지방자치단체 사이의 사무배분

헌법상 지방자치단체는 주민의 복리에 관한 사무를 처리하고 재산을 관리하지만 정작 어떤 사무를 처리하는지는 구체적으로 법률을 확인해봐야 한다. 하지만 주민의 복리에 관한 사무의 포괄성과 헌법에서 지방자치단체의 자치에 관한 규정 제정을 천명하고 있기 때문에 지방자치법이 예를 들고 있는 사무에 대한 사무처리 권한이 추정된다. 다시 말해, 법률상 다른 규정이 있는 경우가 아닌 한 모든 지방자치단체는 그 관할지역 안에서 일반권한조항을 통해 모든 자치사무와 법령에서 위임 받은 사무(위임사무)를 처리한다. 실제로 지방자치법 제13조제2항에서 예시하는 지방자치단체의 사무 범위를 보면 일상적으로 우리가 생활하면서 보거나 겪는 거의 모든 사항이 망라되어 있음을 알 수 있다.

제13조(지방자치단체의 사무 범위)
① 지방자치단체는 관할 구역의 자치사무와 법령에 따라 지방자치단체에 속하는 사무를 처리한다.
② 제1항에 따른 지방자치단체의 사무를 예시하면 다음 각 호와 같다. 다만, 법률에 이와 다른 규정이 있으면 그러하지 아니하다.
1. 지방자치단체의 구역, 조직, 행정관리 등
　가. 관할 구역 안 행정구역의 명칭·위치 및 구역의 조정
　나. 조례·규칙의 제정·개정·폐지 및 그 운영·관리
　다. 산하(傘下) 행정기관의 조직관리

　　라. 산하 행정기관 및 단체의 지도·감독

　　마. 소속 공무원의 인사·후생복지 및 교육

　　바. 지방세 및 지방세 외 수입의 부과 및 징수

　　사. 예산의 편성·집행 및 회계감사와 재산관리

　　아. 행정장비관리, 행정전산화 및 행청관리개선

　　자. 공유재산(公有財産) 관리

　　차. 주민등록 관리

　　카. 지방자치단체에 필요한 각종 조사 및 통계의 작성

2. 주민의 복지증진

　　가. 주민복지에 관한 사업

　　나. 사회복지시설의 설치·운영 및 관리

　　다. 생활이 어려운 사람의 보호 및 지원

　　라. 노인·아동·장애인·청소년 및 여성의 보호와 복지증진

　　마. 공공보건의료기관의 설립·운영

　　바. 감염병과 그 밖의 질병의 예방과 방역

　　사. 묘지·화장장(火葬場) 및 봉안당의 운영·관리

　　아. 공중접객업소의 위생을 개선하기 위한 지도

　　자. 청소, 생활폐기물의 수거 및 처리

　　차. 지방공기업의 설치 및 운영

3. 농림·수산·상공업 등 산업 진흥

　　가. 못·늪지·보(洑) 등 농업용수시설의 설치 및 관리

　　나. 농산물·임산물·축산물·수산물의 생산 및 유통 지원

　　다. 농업자재의 관리

　　라. 복합영농의 운영·지도

　　마. 농업 외 소득사업의 육성·지도

　　바. 농가 부업의 장려

　　사. 공유림 관리

　　아. 소규모 축산 개발사업 및 낙농 진흥사업

　　자. 가축전염병 예방

　　차. 지역산업의 육성·지원

　　카. 소비자 보호 및 저축 장려

　　타. 중소기업의 육성

　　파. 지역특화산업의 개발과 육성·지원

　　하. 우수지역특산품 개발과 관광민예품 개발

　4. 지역개발과 자연환경보전 및 생활환경시설의 설치·관리

　　가. 지역개발사업

　　나. 지방 토목·건설사업의 시행

　　다. 도시·군계획사업의 시행

　　라. 지방도(地方道), 시도(市道)·군도(郡道)·구도(區道)의 신설·개선·보수 및 유지

　　마. 주거생활환경 개선의 장려 및 지원

　　바. 농어촌주택 개량 및 취락구조 개선

　　사. 자연보호활동

　　아. 지방하천 및 소하천의 관리

　　자. 상수도·하수도의 설치 및 관리

　　차. 소규모급수시설의 설치 및 관리

　　카. 도립공원, 광역시립공원, 군립공원, 시립공원 및 구립공원 등의 지정 및 관리

　　타. 도시공원 및 공원시설, 녹지, 유원지 등과 그 휴양시설의 설치 및 관리

　　파. 관광지, 관광단지 및 관광시설의 설치 및 관리

　　하. 지방 궤도사업의 경영

　　거. 주차장·교통표지 등 교통편의시설의 설치 및 관리

　　너. 재해대책의 수립 및 집행

　　더. 지역경제의 육성 및 지원

　5. 교육·체육·문화·예술의 진흥

　　가. 어린이집·유치원·초등학교·중학교·고등학교 및 이에 준하는 각종 학교의 설치·
　　　운영·지도

　　나. 도서관·운동장·광장·체육관·박물관·공연장·미술관·음악당 등 공공교육·체육·
　　　문화시설의 설치 및 관리

　　다. 지방문화재의 지정·등록·보존 및 관리

　　라. 지방문화·예술의 진흥

　　마. 지방문화·예술단체의 육성

　6. 지역민방위 및 지방소방

　　가. 지역 및 직장 민방위조직(의용소방대를 포함한다)의 편성과 운영 및 지도·감독

　　나. 지역의 화재예방·경계·진압·조사 및 구조·구급

　7. 국제교류 및 협력

가. 국제기구 · 행사 · 대회의 유치 · 지원

나. 외국 지방자치단체와의 교류 · 협력

제14조(지방자치단체의 종류별 사무배분기준)

① 제13조에 따른 지방자치단체의 사무를 지방자치단체의 종류별로 배분하는 기준은 다음 각 호와 같다. 다만, 제13조제2항제1호의 사무는 각 지방자치단체에 공통된 사무로 한다.

1. 시 · 도

가. 행정처리 결과가 2개 이상의 시 · 군 및 자치구에 미치는 광역적 사무

나. 시 · 도 단위로 동일한 기준에 따라 처리되어야 할 성질의 사무

다. 지역적 특성을 살리면서 시 · 도 단위로 통일성을 유지할 필요가 있는 사무

라. 국가와 시 · 군 및 자치구 사이의 연락 · 조정 등의 사무

마. 시 · 군 및 자치구가 독자적으로 처리하기 어려운 사무

바. 2개 이상의 시 · 군 및 자치구가 공동으로 설치하는 것이 적당하다고 인정되는 규모의 시설을 설치하고 관리하는 사무

2. 시 · 군 및 자치구

제1호에서 시 · 도가 처리하는 것으로 되어 있는 사무를 제외한 사무. 다만, 인구 50만 이상의 시에 대해서는 도가 처리하는 사무의 일부를 직접 처리하게 할 수 있다.

② 제1항의 배분기준에 따른 지방자치단체의 종류별 사무는 대통령령으로 정한다.

위의 표에서처럼 지방자치법은 지방자치단체의 사무를 예시하고 광역적이거나 규모성 내지는 매개적 성격의 6가지 사무를 제외한 모든 사무는 기초자치단체가 처리할 수 있음을 규정한다(제14조제1항제1호 · 제2호).

지방자치단체 간 사무배분은 역할의 배분을 의미하는 점에서 법령의 기준과 사무의 예시에도 불구하고 권한의 소재에 따른 책임과 재정부담의 문제가 얽혀있다. 따라서 이를 쉽게 구분하기는 어려운 부분도 있는데, 기초자치단체(인천광역시 남동구) 지방의회에서 학교급식시설 지원에 관한 조례안을 의결하자 구청장(원고)이 위 사무는 인천광역시의 사무이므로 조례제정권의 범위를 넘어선다고 대법원에 소송을 제기한 적이 있었다. 이에 대해 대법원은 지방자치법과 동법 시행령, 「지방교육자치에 관한 법률」, 「학교급식법」 등 관계 법령의 규정 내용을 검토해 볼 때, 학교급식의 실시에 관한 사항은 특별시 · 광역시 · 도의 사무에 해당하지만, 학교급식시

설의 지원에 관한 사무는 학교급식의 실시에 필요한 경비의 일부를 보조하는 것이어서 그것이 곧 학교급식의 실시에 관한 사무에 해당하지 않는다고 하여 지방의회의 손을 들어주었다.[4]

(2) 사무처리에서의 상급 지방자치단체의 조례준수와 국가사무의 처리 제한

국가와 지방자치단체 그리고 지방자치단체간 권한배분에 관한 논의는 지방자치단체가 처리할 수 있는 사무의 배분을 통해 구체화된다. 개정 지방자치법은 그간의 지방분권 관련 법률과 권한이양에 관한 법률의 내용들이 모두 들어와 있는데, 제1장(총칙) 제3절(지방자치단체의 기능과 사무)에서 사무배분과 사무처리의 기본원칙을 통해 언급한 보충성원칙과 비경합성원칙 및 포괄적 이양을 제시하고 있다.

제11조(사무배분의 기본원칙)
② 국가는 제1항에 따라 사무를 배분하는 경우 지역주민생활과 밀접한 관련이 있는 사무는 원칙적으로 시·군 및 자치구의 사무로, 시·군 및 자치구가 처리하기 어려운 사무는 시·도의 사무로, 시·도가 처리하기 어려운 사무는 국가의 사무로 각각 배분하여야 한다.

제12조(사무처리의 기본원칙)
③ 지방자치단체는 법령을 위반하여 사무를 처리할 수 없으며, 시·군 및 자치구는 해당 구역을 관할하는 시·도의 조례를 위반하여 사무를 처리할 수 없다.

제14조(지방자치단체의 종류별 사무배분기준)
③ 시·도와 시·군 및 자치구는 사무를 처리할 때 서로 겹치지 아니하도록 하여야 하며, 사무가 서로 겹치면 시·군 및 자치구에서 먼저 처리한다.

제15조(국가사무의 처리 제한)
지방자치단체는 다음 각 호의 국가사무를 처리할 수 없다. 다만, 법률에 이와 다른 규정이 있는 경우에는 국가사무를 처리할 수 있다.

---

4) 대법원 1996.11.29. 96추84 판결(「지방교육재정교부금법」 제11조 제5항은 시·군·자치구가 관할 구역 안에 있는 고등학교 이하 각급 학교의 교육에 소요되는 경비의 일부를 보조할 수 있다고 규정하고 있으므로, 학교급식시설의 지원에 관한 사무는 시·군·자치구의 자치사무에 해당하는 것으로 보아야 할 것이다).

1. 외교, 국방, 사법(司法), 국세 등 국가의 존립에 필요한 사무
2. 물가정책, 금융정책, 수출입정책 등 전국적으로 통일적 처리를 할 필요가 있는 사무
3. 농산물·임산물·축산물·수산물 및 양곡의 수급조절과 수출입 등 전국적 규모의 사무
4. 국가종합경제개발계획, 국가하천, 국유림, 국토종합개발계획, 지정항만, 고속국도·일반국도, 국립공원 등 전국적 규모나 이와 비슷한 규모의 사무
5. 근로기준, 측량단위 등 전국적으로 기준을 통일하고 조정하여야 할 필요가 있는 사무
6. 우편, 철도 등 전국적 규모나 이와 비슷한 규모의 사무
7. 고도의 기술이 필요한 검사·시험·연구, 항공관리, 기상행정, 원자력개발 등 지방자치단체의 기술과 재정능력으로 감당하기 어려운 사무

3. 자치사무(고유사무와 단체위임사무)와 기관위임사무

지방자치단체의 사무를 자치행정에서 나오는 자치사무과 국가의 위임사무로 구분하는 이원론(二元論)과 지방자치단체는 모든 공적 사무를 수행하지만 단지 법령에 따른 지시사무와 그렇지 않고 임의로 처리하는 사무의 구분은 인정된다는 일원론(一元論)이 소개되고 있다.^{조성규} 그렇지만 우리 헌법 제117조제1항이나 지방자치법 제13조제1항을 외국 학설에 따라 대입하여 설명하는 것은 무리가 있다. 우리의 경우 일반적으로 자치사무의 범위에 지방자치단체의 고유한 이익을 가지고 일반권한 조항에 의한 조례제정의 대상이 되는 고유사무이지만 지방자치단체에 대한 위임인 단체위임사무를 포함한다. 그리고 지방자치단체의 장에게 위임된 사무인 기관위임사무가 지방자치단체가 현실에서 처리하는 사무의 상당 부분을 차지한다. 기관위임사무를 없애고 법률이 정하는 위임사무(법정수임사무)로 개편해야 한다는 주장이 많은데, 이러한 내용을 담은 개정안이 2011년에 제출되기도 하였다. 2021년 개정 지방자치법에서는 이전과 같이 자치사무와 기관위임사무 체제를 그대로 유지하고 있다.

(1) 고유사무와 단체위임사무

1) 고유사무

고유사무(les affires propres)는 말 그대로 지방자치단체의 본래의 존재와 관련된 고유한 이익을 갖는 사무를 말하며, 헌법에서는 이를 주민의 복리에 관한 사항으로 표현하고 있다. 현실에서 가장 지역 주민들과 밀접한 공공기관이 행정복지센터(예전에는 동사무소라 불렸다)라는 점을 보아도 알 수 있듯이 지방의 복지와 자치에 관한 사무가 자치사무의 핵심이라는 점을 알 수 있다. 지방자치법은 앞서 본 표와 같이 모두 7개의 사무군(bloc des compétences)을 예시하고 있다(제13조제2항). 다만 이러한 예시에도 불구하고 자치사무(실제로 판례에서는 고유사무라는 표현보다는 더 많이 나타난다)인지를 판단하는 일반적 기준을 찾기는 어렵다. 다만 대법원은 판단자료로 사무의 성질, 사무처리와 관련된 경비부담, 법적 책임 귀속의 주체 등을 고려할 것을 언급하고 있다. 고유사무는 사무의 범위가 포괄적이어서 지방자치단체가 가지는 일반권한조항으로 개입이 가능하고, 관련된 법 형식으로 조례와 규칙이 동원되며, 사무처리의 비용은 해당 지방자치단체의 부담으로 한다. 그리고 조례를 제정하는 데 있어서 결정적 역할을 하는 지방의회의 관여가 가능하고 사무에 대한 감독도 적법성 감독만 가능하다는 특징을 가진다. 따라서 지방자치단체의 고유사무 처리에 대한 감독처분에 대해 지방자치단체의 장은 자치권 침해를 이유로 제소할 수 있다는 논리를 강하게 주장할 수 있다.

2) 단체위임사무

지방자치단체의 사무 중에는 법령에 따라서 국가나 다른 지방자치단체로부터 위임을 받아 수행하는 위임사무가 있다. 지방자치단체의 장에게 위임하는 것이 아니라 지방자치단체에 대하여 그 사무를 위임하는 단체위임사무는 실질이야 어떻든지 간에 적어도 법적으로는 국가나 위임 자치단체가 아닌 수임 지방자치단체의 자치사무가 된다. 단체위임사무는 실질적으로 국가나 광역지방자치단체의 사무이다. 국가의 사무는 수많은 개별 행정법령에서 직접 규정을 하고 있고, 광역자치단체의 사무위임에 대해서는 지방자치법 제117조제2항에 근거를 찾을 수 있다. 단체위임사무도 고유사무와 더불어 지방자치단체의 자치사무라 할 수 있지만, 실제로는 지방자치단체를 국가(중앙정부)나 광역지방자치단체에 예속시킬 수 있거나 국가의 계서적 행정시스템에 이용당할 수 있는 위험한 선물로 비유되기도 한다.[이기우]

단체위임사무는 수임 지방자치단체가 국가나 광역자치단체의 감독하에 자신의 이름과 책임으로 수행한다. 그리고 소송상 피고적격을 가진다. 단체위임 사무처리에 들어가는 비용은 이를 위임한 지방자치단체가 그 경비를 부담해야 한다. 그리고 단체위임사무는 자치사무라고는 하지만 원칙적으로 수임 지방자치단체의 사무라는 아니어서 이에 대한 수임 지방자치단체의 조례 제정행위에 대해 의문을 표시하면서도 달리 적합한 법 형식도 없기때문에 현실적으로 이에 대한 조례제정이 나타나고 있다.[홍정선]

(2) 기관위임사무와 폐지 논쟁

1) 의의

정부조직법

제6조(권한의 위임 또는 위탁)
① 행정기관은 법령으로 정하는 바에 따라 그 소관사무의 일부를 보조기관 또는 하급행정기관에 위임하거나 다른 행정기관·지방자치단체 또는 그 기관에 위탁 또는 위임할 수 있다. 이 경우 위임 또는 위탁을 받은 기관은 특히 필요한 경우에는 법령으로 정하는 바에 따라 위임 또는 위탁을 받은 사무의 일부를 보조기관 또는 하급행정기관에 재위임할 수 있다.

지방자치법

제115조(국가사무의 위임)
시·도와 시·군 및 자치구에서 시행하는 국가사무는 시·도지사와 시장·군수 및 자치구의 구청장에게 위임하여 수행하는 것을 원칙으로 한다. 다만, 법령에 다른 규정이 있는 경우에는 그러하지 아니하다.
② 지방자치단체의 장은 조례나 규칙으로 정하는 바에 따라 그 권한에 속하는 사무의 일부를 관할 지방자치단체나 공공단체 또는 그 기관(사업소·출장소를 포함한다)에 위임하거나 위탁할 수 있다.

기관위임사무는 법령에서 국가나 광역자치단체의 사무를 다시 광역자치단체의 장이나 기초자치단체의 장에게 위임하여 처리하도록 하고 있는 경우를 말한다. 지방자치단체가 아니라 그 집행기관에 대한 사무위임이라는 점에서 기관차용(機關借用)으로 볼 수 있다. 따라서 수임기관(해당 지방자치단체의 장)은 지방자치단체와는 관계없이 그 사무를 위임한 중앙행정조직 또는 위임(광역)자치단체의 집행조직의 모자를 쓰고 활동을 하게 된다.

지방자치단체의 자치사무인 단체위임사무에서도 위임이란 말이 사용되지만 우리 지방자치의 실무에서 중앙으로부터의 사무위임은 대부분 이러한 기관위임사무를 의미한다. 기관위임사무의 집행기관(수임행정청)은 사무처리 수행의무만 부담하며 그 권한은 갖지 못한다는 점에서 지방자치를 보장한 헌법 정신은 물론 지방자치단체의 자유로운 행정에 걸림돌이 된다. 기관위임사무의 법적 근거로 지방자치법 제115조(국가사무의 위임)·제117조제2항(광역자치단체사무의 위임) 및 「정부조직법」 제6조제1항을 들고 있다.

기관위임사무의 처리과정에서 발생한 손해배상 책임의 부담은 원칙적으로 위임자에게 있지만 수임 지방자치단체장이 속한 지방자치단체도 소속 공무원에게 봉급을 주고 있으므로 배상책임을 부담한다.5) 기관위임 사무는 지방자치단체의 자치사무가 아니기 때문에 지방의회의 개입이 부정된다. 따라서 원자력발전소 주변지역에 대한 지원사업의 일부를 지방자치단체장이 아닌 지역단체가 시행할 수 있도록 규정한 지방의회의 조례는 무효이다.6) 그리고 이러한 무효인 조례에 근거한 행정청의 처분은 위법한 처분이 된다.7) 하지만 기관위임 사무처리에 동원되는 인력은

---

5) 대법원 2000.5.12. 99다70600 판결(농수산부장관 소관의 국가사무로 규정되어 있는 개간허가와 개간허가의 취소사무는 법령조항에 의하여 도지사에게 위임되고, 같은 법률에 근거하여 도지사로부터 하위 지방자치단체장인 군수에게 재위임되었으므로 이른바 기관위임사무라 할 것이고, 이러한 경우 군수는 그 사무의 귀속 주체인 국가 산하 행정기관의 지위에서 그 사무를 처리하는 것에 불과하므로, 군수 또는 군수를 보조하는 공무원이 위임사무처리에 있어 고의 또는 과실로 타인에게 손해를 가하였다 하더라도 원칙적으로 군에는 국가배상책임이 없고 그 사무의 귀속 주체인 국가가 손해배상책임을 지는 것이며, 다만 「국가배상법」 제6조에 의하여 군이 비용을 부담(봉급부담자)한다고 볼 수 있는 경우에 한하여 국가와 함께 손해배상책임을 부담한다).

6) 대법원 1999.9.17. 99추30 판결(발전소 주변지역에 대한 지원사업은 지방자치단체별로 재정능력에 따른 차등이 없이 통일적으로 시행하여야 할 국가사무에 해당하나 다만 당해 지역의 사정과 지방자치단체가 시행하는 다른 복지시책과 밀접한 관련하에서 시행할 필요가 있는 점을 고려하여 당해 지방자치단체의 장에게 시행을 위임한 기관위임사무에 해당한다).

지방자치단체의 소속 직원이며 비록 중앙정부로부터 재원이전이 있다고는 하나 여전히 지방자치단체의 재원이 동원되는 점에서 지방의회가 기관위임사무에서 배제되어야 하는지는 의문이다. 한편 지방자치법 제49조제3항은 기관위임사무에 대해서도 예외적으로 지방의회도 행정사무 감사권 행사 가능성을 인정하고 있다.

전통적으로 기관위임사무에 대해 행정조직법상의 권한과 책임의 불일치로 인한 혼란과 중앙정부나 상급자치단체의 과도한 개입과 감독으로 인해 지방자치단체의 자치행정권이 위축된다는 점과 현실적으로 기관위임사무의 비중이 너무 비대하여 정작 지방분권의 당사자인 지방자치단체의 과도한 업무 부담이 발생한다는 비판이 있어왔다. 기관위임사무는 원칙적으로 지방자치단체로서는 자기의 사무가 아니기 때문에 국가나 광역자치단체의 폭 넓은 감독을 받게 되는데 행정상 후견적 감독(적법성 감독)은 물론 동일한 행정조직체 안에서의 계서상 통제(합목적성 통제)를 받는다. 그리고 합목적성에 대한 통제에 대하여 수임기관(광역자치단체장이나 기초단체장)이 법적으로 다툴 수 없다는 점이 특징이다(기관위임사무에 대한 감독조치는 행정처분으로 보기 어려운 점이 있다).^{홍정선}

2) 기관위임사무 폐지논쟁

> **제185조(국가사무나 시 · 도 사무 처리의 지도 · 감독)**
> ① 지방자치단체나 그 장이 위임받아 처리하는 국가사무에 관하여 시 · 도에서는 주무부장관, 시 · 군 및 자치구에서는 1차로 시 · 도지사, 2차로 주무부장관의 지도 · 감독을 받는다.

---

7) 대법원 1995.7.11. 94누4615 전원합의체 판결(구 「건설업법」상 영업정지 등 처분에 관한 사무는 국가사무로서 지방자치단체의 장에게 위임된 이른바 기관위임사무에 해당하므로 시 · 도지사가 지방자치단체의 조례에 의하여 이를 구청장 등에게 재위임할 수는 없고 「행정권한의 위임 및 위탁에 관한 규정」 제4조에 의하여 위임기관의 장의 승인을 얻은 후 지방자치단체의 장이 제정한 규칙이 정하는 바에 따라 재위임하는 것만이 가능하다. 조례 제정권의 범위를 벗어나 국가사무를 대상으로 한 무효인 서울특별시행정권한위임조례의 규정에 근거하여 구청장이 건설업영업정지처분을 한 경우, 그 처분은 결과적으로 적법한 위임 없이 권한 없는 자에 의하여 행하여진 것과 마찬가지가 되어 그 하자가 중대하나, 지방자치단체의 사무에 관한 조례와 규칙은 조례가 보다 상위규범이라고 할 수 있고, 또한 헌법 제107조 제2항의 "규칙"에는 지방자치단체의 조례와 규칙이 모두 포함되는 등 이른바 규칙의 개념이 경우에 따라 상이하게 해석되는 점 등에 비추어 보면 위 처분의 위임 과정의 하자가 객관적으로 명백한 것이라고 할 수 없으므로 이로 인한 하자는 결국 당연무효사유는 아니라고 봄이 상당하다).

② 시·군 및 자치구나 그 장이 위임받아 처리하는 시·도의 사무에 관하여는 시·도지사의 지도·감독을 받는다.

제189조(지방자치단체의 장에 대한 직무이행명령)

① 지방자치단체의 장이 법령에 따라 그 의무에 속하는 국가위임사무나 시·도위임사무의 관리와 집행을 명백히 게을리하고 있다고 인정되면 시·도에 대해서는 주무부장관이, 시·군 및 자치구에 대해서는 시·도지사가 기간을 정하여 서면으로 이행할 사항을 명령할 수 있다.

② 주무부장관이나 시·도지사는 해당 지방자치단체의 장이 제1항의 기간에 이행명령을 이행하지 아니하면 그 지방자치단체의 비용부담으로 대집행 또는 행정상·재정상 필요한 조치(이하 이 조에서 "대집행등"이라 한다)를 할 수 있다. 이 경우 행정대집행에 관하여는 「행정대집행법」을 준용한다.

③ 주무부장관은 시장·군수 및 자치구의 구청장이 법령에 따라 그 의무에 속하는 국가위임사무의 관리와 집행을 명백히 게을리하고 있다고 인정됨에도 불구하고 시·도지사가 제1항에 따른 이행명령을 하지 아니하는 경우 시·도지사에게 기간을 정하여 이행명령을 하도록 명할 수 있다.

④ 주무부장관은 시·도지사가 제3항에 따른 기간에 이행명령을 하지 아니하면 제3항에 따른 기간이 지난날부터 7일 이내에 직접 시장·군수 및 자치구의 구청장에게 기간을 정하여 이행명령을 하고, 그 기간에 이행하지 아니하면 주무부장관이 직접 대집행등을 할 수 있다.

⑤ 주무부장관은 시·도지사가 시장·군수 및 자치구의 구청장에게 제1항에 따라 이행명령을 하였으나 이를 이행하지 아니한 데 따른 대집행 등을 하지 아니하는 경우에는 시·도지사에게 기간을 정하여 대집행 등을 하도록 명하고, 그 기간에 대집행 등을 하지 아니하면 주무부장관이 직접 대집행 등을 할 수 있다.

⑥ 지방자치단체의 장은 제1항 또는 제4항에 따른 이행명령에 이의가 있으면 이행명령서를 접수한 날부터 15일 이내에 대법원에 소를 제기할 수 있다. 이 경우 지방자치단체의 장은 이행명령의 집행을 정지하게 하는 집행정지결정을 신청할 수 있다.

지방자치를 논하면서 자주 접하는 기관위임사무 폐지론은 제목과는 달리 실무나 일부 견해는 제한적인 역량을 가진 지방자치단체의 현실에 비추어 볼 때 지역에서의 공공서비스 제공과 행정사무 처리의 경제성과 효율성 및 탄력성 차원에서 무조

건 이를 폐지하는 것만이 정답은 아니라고 한다.[최봉석] 하지만 기관위임사무의 순기
능에 비해 기관위임사무 운영방식이 지나치게 중앙집권적 행정편의를 위한 것이라
는 점과 지방분권과 지방자치의 성숙에 비추어 현재의 기관위임사무 처리나 법원
의 판단은 이제 극복되어야 하지 않는가 하는 것이 다수의 입장이다.

우리와 마찬가지로 기관위임사무를 둔 일본의 경우 지방분권 개혁을 통해 기관
위임사무를 폐지하고 대신에 '법정수탁사무' 개념을 도입하였다. 2000년부터 시행
된 일명 '지방분권일괄법'[8]은 종전의 기관위임사무를 규정하고 있던 475개의 법률
개정을 용이하게 하고 종전의 지방자치법, 국가행정조직법 등 관련된 개정 법률을
정비한 지방분권 개혁 입법의 결과이다. 이후 개정된 일본 지방자치법은 지방자치
단체가 처리하는 사무 가운데 법정수탁사무를 제외한 사무를 자치사무로 규정하였
다. 그리고 동법 제2조제9항에서 법정수탁사무를 제1호[9]와 제2호[10]로 나누어 정의
하였다. 따라서 법정수탁사무가 적을수록 자치사무는 많아진다.[최철호]

국내에서도 이러한 일본 지방자치법의 변화를 수용하여 법정수임사무제도를 도
입하려는 개정안이 2011년 국회에 제출된 바 있었고, 현재 지방분권특별법 제11조
제1항도 국가의 지방자치단체로의 적극적인 권한과 사무의 이양과 함께 기관위임
사무를 원칙적으로 폐지하고 자치사무와 국가사무로 이분화해야 함을 명시하고 있
으나, 개정 지방자치법에서는 여전히 종전과 동일한 입장을 유지하고 있다. 그만큼
넘어야 할 산이 많은 것인지 모르겠으나 여하튼 지방자치를 논한다면 기관위임사
무는 폐지되는 것이 바람직하다.

---

8) 정식명칭은 "地方分權の推進を圖るための關係法律の整備等に關する法律"이다.
9) 법률 또는 이에 근거한 정령에 의해 도도부현, 시정촌 또는 특별구가 처리하게 되는 사무 가운데
   국가가 본래 환수해야 할 역할과 관련이 있어서 국가에서 특히 적정한 처리를 확보할 필요가 있
   는 것으로서 법률(제320조와 별표1.에 규정) 또는 이에 근거하여 정령(지방자치법 시행령 225조
   와 별표1.)에서 특별히 정하는 사무.
10) 법률 또는 이에 근거한 정령에 의해 시정촌 또는 특별구가 처리하게 되는 사무 가운데 도도부현
   이 본래 완수해야 할 역할과 관련이 있어서 도도부현에서 특히 적정한 처리를 확보할 필요가 있
   는 것으로서 법률(제321조와 별표2에 규정) 또는 이에 근거하여 정령(지방자치법 시행령 제226조
   와 별표2.에 규정)에서 특별히 정하는 사무.

📑 참고문헌

이기우, 지방자치이론, 학현사, 1996, 10쪽.

전훈, "보충성원칙(le principe de subsidiarité)에 관한 고찰", 「성균관법학」 제16권 제2호, 성균관대학교 비교법연구소, 2004.12., 349쪽.

조성규, "지방자치단체의 고유사무", 「공법학연구」 제5권 제2호, 한국비교공법학회, 2004.5., 101~131쪽.

최봉석, "기관위임 사무의 정체성과 그 폐지론에 관한 소고", 「지방자치법연구」 제3권 제2호, 한국지방자치법학회, 2003.12., 198~202쪽.

최철호, "기관위임사무의 폐지에 따른 가칭 법정수임사무의 도입에 관한 연구", 「토지공법연구」 제56집, 한국토지공법학회, 2012.2., 381~383쪽.

홍정선, 신지방자치법, 박영사, 2022, 479~487쪽.

제2절 **지방자치단체조합과 특별지방자치단체**

지방자치단체의 종류에서 잠시 언급하였지만 지방자치단체는 국가에 비해 재정 능력이나 규모가 제한적이어서 주민의 행정상 니즈(Needs)를 모두 만족시키기 어려운 점이 있다. 지방자치법에서 예시하는 많은 사무를 스스로 다 처리하지 못하기 때문에 기초지방자치단체뿐만 아니라 광역지방자치단체도 지방자치단체들끼리 협력하여 공공서비스를 제공해야 하는 현실적 필요성에 대응하게 된다. 현행 지방자치법은 제8장(지방자치단체 상호 간의 관계)에서 지방자치단체간 협력제도로 사무위탁(제167조)11), 행정협의회(제2절, 제169조 – 제175조)12), 지방자치단체조합(제3절, 제176조 – 제181조), 지방자치단체의 장 등의 협의체(제4절, 제182조)에 관해 규정하고 있다. 그리고 개정 지방자치법은 특정한 공동의 목적을 위하여 광역적으로 사무를 처리하기 위해 지방자치단체들끼리 다시 특별지방자치단체를 설치할 수 있도록 하였다(제12장, 제199 – 제211조).

1. 지방자치단체조합을 통한 협력

(1) 의의

1) 현실적 배경

지방자치법 제8장은 지방자치단체가 글로벌 경쟁력 주체로 변화하고 있는 세계

---

11) 사무위탁의 법적 성질에 대해 다수설은 공법상 계약으로 본다. 수탁지방자치단체의 업무처리 기준이 위탁 지방자치단체의 조례와 규칙으로 규정하고 있는 제168조제5항에 대해 행정법상 사무의 위임 밑 위탁에 관한 법리에 비추어 수탁 지방자치단체의 조례와 규칙을 적용해야 한다는 견해가 있다(권경선).

12) 1973년 「지방자치에 관한 임시조치법」에 법적 근거가 처음 마련되었다, 1988년 지방자치법 전면 개정시 사무위탁에 관한 규정과 함께 개정되었으며 현실적으로 활용도가 제일 높다. 행정기구의 간소화에 따른 경비 절감확보를 위한 사무위탁에 비해 지방자치단체의 행정구역을 넘어 합리적인 행정운영의 수행의 확보(취수장 등과 같은 공공시설의 설치와 운영의 조정과 공동의 토지이용계획 준비)를 목표로 한다. 협의사항의 조정에 관해 지방자치단체 분쟁조정위원회(1994년 개정으로 신설)의 역할이 1999년 개정으로 강화되었다(김명연, 권경선)

화 시대에서 지방자치단체 간의 협력과 갈등과 분쟁을 해결하기 위한 내용이다. 지방자치단체의 협력의 내용을 광의의 통제 개념을 통해 협력적 통제로 설명하는 입장도 있다.^{홍정선} 지방자치단체 간 갈등과 분쟁의 조정과정에서 행정안전부장관이나 관련 시·도지사의 역할은 지방분권의 요소인 행정상 후견의 기능과 유사하기 때문에 통제라는 개념에 포섭될 여지도 있기 때문이다.

다만 지방자치법 제8장 제3절의 내용인 지방자치단체조합의 배경과 필요성을 살펴보면 현대 행정의 광역화에 따른 지방자치단체의 사무와 기능 수행에 따른 효율성과 경제성 추구에 따라 의존도가 높아지는 점을 알 수 있다. 7년 전 자료이긴 하지만 네 군데 경제자유구역청(대구·경북, 부산·진해, 광양만권, 황해), 수도권교통본부(서울특별시·인천광역시·경기도), 지리산관광개발조합(남원·장수·구례·곡성·함양·산청·하동) 등은 현재도 활동하는 지방자치단체조합의 예로 들 수 있다. 그러나 우리나라의 지방자치단체조합은 일본이나 프랑스 등 외국의 경우에 비해 그 숫자나 활용도 면에서 활발하지 못했다고 평가된다. 중앙정부는 지방자치단체조합에 대한 신뢰가 부족하고 지방자치단체로서는 법 제도가 제대로 갖추어지지 않고 관련 경험이나 운영 사례가 전무했기 때문에 어쩌면 당연할 수도 있을 것이다.^{최우용}

2) 왜 조합방식일까?

지방자치단체 간 협력방식으로 왜 조합방식을 법률이 선택하였는지에 대한 연구는 아직 없는 것 같다. 통상 조합은 2인 이상의 특정인들이 서로 출자해서 공동사업을 경영할 목적으로 결합한 단체로서 사단법인(社團法人)보다는 그 설립절차가 쉽고 적용되는 「민법」 규정도 대부분 임의규정이라는 점에서 현실에서 자주 찾아볼 수 있는 단체 형식이다. 「민법」에서는 사단과 조합의 차이를 구성원이 단체에 매몰되어 그 개성이 표면에 드러나지 않는다는 점을 강조한다.^{송덕수}

하지만 지방자치법에 나타난 조합방식은 「민법」상 조합과는 다르다고 본다. 우선 지방자치단체조합은 참여하는 지방자치단체의 사무의 공동처리를 위해 규약을 정하고, 지방의회의 의결을 필요로 한다(제176조). 조합에 참여하는 지방자치단체가 공공사업의 운영을 약정하는 점과 일종의 출자의무인 경비의 부담과 지출에 관한 사항인 조합 규약의 필수적 사항이라는 점에서 민사상 조합의 경우와 유사한 점이 있다. 하지만 민사상 조합은 원칙적으로 법인격이 없지만 공법인인 지방자치단체가 결성하는 지방지단체조합은 법인으로 하는 점(제176조제2항)에서 오히려 사단법인에 더 가깝다고 할 수도 있다. 다만 공법상 조합인 지방자치단체조합을 「민법」의 경우와 동일하게 볼 것은 아니고 조합의 재산관계 보다는 공공의 목적을 위한 협력적 업무처리에 비중을 두어야 할 것이다. 「민법」상 조합계약과는 달리 지방자치단조합의 설립규약은 공동처리 하고자 하는 공공서비스의 공익적 요소와 설립에 참여하는 지방자치단체의 규모의 광역화에 따른 경제성과 효율성의 접점을 찾는 구체적 노력인 계약화 현상의 한 모습으로 이해할 수 있다. 종래 지방자치단체조합의 법적 성격을 특별지방자치단체로 보는 입장[홍정선, 최우용, 김중권]과 부정적으로 보거나[이상수] 신중한 입장[김명연]이 있었다.

(2) 조합의 설립과 조직

1) 법인격의 인정

지방자치법상 지방자치단체조합은 제176조제1항의 절차에 따라 행정안전부장관(또는 시·도지사)의 승인을 얻으면 설립된다. 민사상 조합과 달리 지방자치법 제176조제2항에 의하여 당연히 법인으로 되는 것이며, 별도의 법인설립등기를 요하지 않는다.[13]

2) 지방자치단체조합회의와 조합장

지방자치단체조합도 법인이므로 기관으로서 지방자치단체조합회의와 지방자치단체조합장을 두며(제177조제1항), 지방자치단체조합회의 위원과 조합장 및 사무직원은 조합규약으로 정하는 바에 선임하도록 법률은 정하고 있는데(제177조제2항), 사무직원을 선임하는 것은 의문이다. 지방자치단체조합을 대표하고 사무를 총괄하는 조합장(제178조제3항)이나 조합회의 위원은 관계 지방자치단체의 의회의원이나 단체장이 겸할 수 있도록 하여(제177조제3항) 현실적으로는 그들만의 리그가 될 가능성이 높고 특별지방자치단체의 의회에 관한 제201조와 별반 차이가 없다.

지방자치단체조합회의는 조합의 규약으로 정하는 바에 따라 중요 사무를 심의·

---

13) 대법원 예규 제4-890호(지방자치단체조합의 법인설립 등기, 1994. 8. 26. 등기 3402-1061 질의회답).

의결하며, 조합의 서비스에 대한 사용료·수수료 또는 분담금을 조례로 정한 범위에서 정할 수 있다(제178조제2항).

3) 지방자치단체조합의 규약

지방자치단체조합의 설립은 임의설립이 원칙이다. 제180조제2항은 공익상 필요하면 행정안전부장관이 지방자치단체조합의 설립이나 해산 또는 규약변경을 명할 수 있다고 하는데, 이와 같은 강제설립이나 해산에 대해 경계심을 가져야 한다.[최우용]

조합설립 규약에는 필요적 사항으로 명칭(제1호), 구성 지방자치단체(제2호), 사무소의 위치(제3호), 사무(제4호), 조합회의의 조직과 위원선임방법(제5호), 집행기관의 조직과 선임방법(제6호), 운영 및 사무처리에 필요한 경비부담과 지출방법(제7호) 및 기타 구성과 운영에 관한 사항(제8호)이 포함되어야 한다(제179조).

지방자치단체조합의 규약을 변경하는 경우에는 설립에 관한 제176조제1항을 준용한다(제182조제1항).

한편 지방자치단체조합을 해산한 경우 그 재산의 처분은 관계 지방자치단체의 협의에 따르도록 하고 있는데(제181조제2항) 지방자치단체조합의 규약에 포함되어야 할 사항 제8호에 해당하기 때문에 설립규약에서 미리 정하는 것이 일반적일 것이다.

(3) 사무와 감독

1) 처리하는 사무-기관위임사무의 처리에 관하여

논리상으로 지방자치단체가 처리하는 자치사무(단체위임 사무 포함)를 위해서 지방자치단체조합이 활동해야 하겠지만 법률 규정에 따라 기관위임사무를 제179조의 설립규약에 정하는 경우에 이른바 단체장의 기관위임사무를 지방자치단체조합의 장에게 위임할 수 있는가는 현실적으로 미묘한 문제가 될 수 있다. 법령에 따라 동일 사무를 지방자치단체의 장들이 각자 수행하고 있는 경우에 이러한 공동사무 처리의 효율성과 경제성 차원에서 지방자치단체조합을 설치하여 그 조합의 장에게 위임하는 경우에는 긍정적으로 보자는 견해도 있다.[최우용]

2) 지방자치단체조합에 대한 지도와 감독

시·도가 구성원인 지방자치단체조합은 행정안전부장관, 시·군 및 자치구가 구성원인 지방자치단체조합은 1차로 시·도지사, 2차로 행정안전부장관의 지도·감독을 받는다. 다만, 지방자치단체조합의 구성원인 시·군 및 자치구가 2개 이상의 시·도에 걸쳐 있는 지방자치단체조합은 행정안전부장관의 지도·감독을 받는다(제180조제1항). 지방자치단체조합은 행정분권의 내용 가운데 기능적 분권의 특징을 가지고 있다는 점에서 법률에서 정하고 있는 지도와 감독의 내용이 어떤 것인가에 대해서는 입법상 정비가 있어야 한다. 지방자치단체조합에 대한 주민의 통제가능성을 법문에 추가하는 것이 바람직하다는 견해도 있다.[최우용]

2. 신설된 특별지방자치단체

특별지방자치단체에 관한 2021년 개정법률 내용에 의회와 장 등의 기관구성과 조례제정 등 집행력과 결속력이 인정되기 때문에 이전부터 존재했던 행정협의회에 대한 대안적 평가를 전망하기도 한다.[김수연] 그러나 앞서 특별지방자치단체의 개념에 대해 의문점을 제시한 바 있고, 표를 통해 지방자치단체조합과의 비교하였으므로 개정 지방자치법에 나타난 내용 중 몇 가지 사항에 대해서만 언급하기로 한다.

(1) 지방자치단체조합과 구별되는 "특별한" 자치단체

지방자치단체조합과 달리 특별지방자치단체는 공법인으로서(제196조제3항) 특정한 구역(제198조), 지방의회와 집행기관(제201조, 제202조)을 가지는 지방자치단체의 한 종류이다. 하지만 설립 주체가 보통 지방자치단체라는 점과 자치권의 핵심의 지방의회의 자유로운 행정을 위한 의결사항이 제한적인 점(제201조제3항)은 지방자치단체가 가지는 자치권과는 다소 거리가 있다. 따라서 행정분권의 내용인 기능적 분권과 지방자치라는 특수성의 하이브리드로 평가할 수 있다고 본다. 앞서도 언급한 것처럼 특별지방자치단체는 일반적으로 지방자치단체로 이야기하는 보통지방자치단체의 협력을 위한 "특별한" 변장 혹은 "특수한 단체"로 이해하는 것이 불필요한 개념상 혼란을 피할 수 있다고 본다.

(2) 국가의 설치 권고와 사전협의

지방자치단체의 가장 큰 특징은 의사결정의 자치와 구역 안에서의 일반적 권한 행사라 할 수 있는데, 제197조는 행정안전부장관이 공익상 필요하다고 인정하면 관계 지방자치단체에게 특별지방자치단체의 설치, 해산 또는 규약변경을 할 수 있다고 하여 과연 "지방자치단체"가 맞는가 하는 의문이 있다. 차라리 작명을 달리했다면 모르겠으나 보통지방자치단체에 대응하는 특별지방자치단체에 해당 내용을 규정한 것은 의문이다. 자칫 제12장의 입법 취지가 몰각되는 우려가 있다.

(3) 구성 지방자치단체의 권한의 변동 여부

특별지방자치단체를 결성하는 구성 지방자치단체는 적어도 규약에 따라 공동으로 광역적으로 처리하는 사무에 대해서는 자신의 구역 안에서의 사무처리 권한이 배제되어야 하는데 개정법에서는 이에 관한 내용은 없다.

하지만 특별지방자치단체 의회의 의결사항 중 대통령령으로 정하는 중요한 사항이나 그 의결의 결과를 특별지방자치단체장에게 사전 통지하도록 하고 다시 특별자치단체장이 그 내용을 구성 지방자치단체의 장에게 통지하도록 하고 있는 점(제201조제3항)에서 특별지방자치단체의 설립에도 불구하고 구성 지방자치단체의 권한의 실질적 변동은 심각하지 않을 것으로 예측되나 지방자치법 시행령과 운영상황에 따라 향후 귀추가 주목될 부분이다.

📑 **참고문헌**

___

권경선, "지방자치단체간 협력법제의 변화와 개정방향에 대한 연구", 「법학연구」 제28권
　　제4호, 경상대학교 법학연구소, 2020.10., 51~52쪽.

김명연, "지방자치단체 상호간의 협력체계의 강화를 위한 법제정비방향", 「지방자치법연
　　구」 제5권 제1호, 한국지방자치법학회, 2005.3., 232~233쪽.

김수연, "지방자치단체 간 협력체계 구축을 위한 법적 과제", 「지방자치법연구」 제20권
　　제1호, 한국지방자치법학회, 2020.3., 17쪽.

송덕수, 채권법각론, 제5판, 박영사, 2021, 406~434쪽.

임현, "지방자치단체의 참여와 협력제도에 대한 검토", 「토지공법연구」 제38집, 한국토지
　　공법학회, 2007.11., 362~364쪽.

전훈, "특별지방자치단체의 개념에 대한 소고", 「지방자치법연구」 제22권 제3호, 한국지
　　방자치법학회, 2022.9., 113~139쪽.

최우용, "지방자치법상 지방자치단체조합에 관한 한·일 비교", 「지방자치법연구」 제19권
　　제1호, 한국지방자치법학회, 2019.3., 27~33쪽.

홍정선, 신지방자치법, 박영사, 2022, 601~604쪽.

제4장

지방자치와 법치주의

 제1절 **행정상 후견**

헌법에서 보장하는 지방자치의 내용은 지방자치단체가 얼마나 자유롭게 행동할수 있는지를 보면 알 수 있다. 지방자치단체의 이름으로 하는 여러 가지 법적 행위에 대한 중앙정부의 간섭은 대부분 법령이나 공익을 내세운 합목적성을 내세우고있다. 단체장의 행정명령이나 지방의회의 조례안 의결과 같은 지방자치단체의 행위가 위법 또는 합목적성이 없다고 평가되어 효력을 발생하지 못하는 상황이 발생하지 않도록 중앙정부나 상급 지방자치단체가 개입할 수 있는 가능성을 법률에서규정하는데 이를 행정상 후견으로 설명할 수 있다(지방자치법 제9장, 제184 – 제192조). 개정 지방자치법은 이전의 '국가의 지도와 감독'이란 표현을 '국가와의 지방자치단체간의 관계'로 바꾸었다. 하지만 현실은 지방자치단체가 하는 사무(자치사무·단체위임사무·기관위임사무)의 처리에 대한 적법성과 합목적성을 내세운 국가나 상급지방자치단체의 후견적 감독과 계서적 통제에 관한 것이다라는 점에는 변함이없다.

1. 행정상 후견과 계서적 통제: 지방자치단체가 하는 행위의 적법성 혹은 합목적성의 보장

(1) 의의

지방분권의 구성요소로 권한을 이양 받은 분권화된 조직체의 자치권 행사를 언급하였다. 분권화된 지방자치단체는 자신의 이익에 관한 사항에 대해 전권한성을 가지고 자기책임으로 행정을 수행하지만 일정한 제약을 받는 것이 현실이다. 이를 행정상 후견으로 설명하기도 하는데, 「민법」상 후견과는 달리 법률이 정하는 바에 따라 분권화된 소속기관이나 이들의 법적 행위에 대한 통제로서의 의미를 가진다.[R. Maspetiol · P. Laroque] 그리고 이러한 통제권 행사가 국회나 법원이 아니라 중앙정부나 상급 지방자치단체의 지도·지원·감독·이행명령·감사 등의 모습으로 나타나기 때문에 이를 행정상 감독이라고 할 수 있지만, 분권화의 개념요소 중 하나인 행정상 후견과 행정조직의 분산화의 핵심인 계서적(관료제적) 통제로 구분할 필요가 있다.[A. de Laubadère · J.-C. Venezia · Y. Gaudemet]

후견적 통제는 통제권을 가진 기관이 행정작용의 형식을 통해서 나타난다. 여기서 민사상 후견과 다른 점이 있는데, 행정상 후견은 후견을 받는 지방자치단체보다는 후견자의 입장인 국가가 내세우는 공공의 이익이나 법령체계의 통일성에 더 주안점을 둔다. 또한 지방자치의 실질적 보장이 제도화되는 과정에서 행정상 후견이 점차 사법적 통제로 변화되는 점은 지방분권화로 가는 국제적 경향에 비추어본다면 반가운 일이다. 프랑스에서는 지방분권 개혁(1982년)을 통해 지방자치단체의 법적 행위에 대한 감독청의 정지나 취소를 관할 제1심 행정법원[1]에 제소하도록 함으로써 지방자치단체의 행위에 대한 국가의 후견적 감독 내용의 큰 변화를 맞이하였다. 2021년 개정 지방자치법은 행정상 후견에 관한 제9장의 제목을 변경하였지만, 정작 그 내용에 있어서는 큰 변화는 나타나지 않았다.

---

1) 일반 행정소송을 민·형사소송을 하는 사법법원과는 별도의 독립적 재판조직(조직법상 행정부에 소속) 체계를 가지는데 Tribunal administratif — Cour d'appel administrative — Conseil d'Etat로 조직되어 있다.

(2) 법률에 규정된 후견기관의 직접적인 개입

행정상 후견의 틀에서는 후견 기능 혹은 감독권을 직접 행사하는 것이 일반적이다. 다만 법률상 근거 없거나 법률에 정한 사항 이외의 감독은 인정되지 않는다(Pas de tutelle sans textes, pas de tutelle au−delà de texte). 일반론 차원에서 행정상 후견 주체의 우선적 절차로 승인행위를 생각해 볼 수 있다. 행정상 후견인의 지위를 가진 국가나 상급 지방자치단체는 승인(지방채발행(「지방재정법」 제11조제2항·제3항)에서의 행정안전부장관의 승인)을 통해 보다 절대적이고 강력한 비토(veto)행사가 가능하다. 이러한 후견적 감독권 행사 범위는 적법성과 합목적성을 모두 포함하는 점에서 뒤에 언급할 계서적 통제권과 비슷한 점이 있다. 지방자치단체의 의사결정의 성립 보다는 그 효력발생 단계에서 나타나는 행정상 후견(지방자치단체조합 설립(제176조제1항)에서의 승인)은 사후적 후견감독이 된다(홍정선 교수님은 앞의 두 유형을 포괄적으로 예방적 통제수단으로 사전적 감독수단으로 보고 있다). 그리고 우선적인 후견조치와 병행하거나 부수적인 성격을 갖는 정지나 취소행위(제188조제1항)와 대집행(제188조제4항)도 행정상 후견의 내용이 된다. 지방자치단체의 사무처리 불이행에 대한 후견적 감독기관의 대집행은 비록 사무 처리는 후견적 감독기관이 하지만 그 결과에 대한 법적 책임을 피후견 지방자치단체가 부담하게 된다.

(3) 계서적 통제[2]

후견적 감독은 서로 다른 법인인 국가와 지방자치단체 간의 관계에서 논의가 되지만 계서적 통제권은 동일한 공법인 내부에서 상급기관과 명령을 받는 공무원 간에 개입하게 된다. 따라서 계서적 통제는 분권이 아닌 행정조직의 분산(Déconcentration)에 관한 것이어서 주민의 선거로 조직된 분권화된 지방자치단체가 아니라 지방의 일반 지방행정관청(프랑스의 프레페(le préfet), 중앙에서 임명하는 군수 혹은 지사로 많이 번역됨)이나 기관위임 사무를 수행하는 우리나라 단체장에 대한 행정상 통제에 관한 것이다. 지방자치법 제189조는 기관위임사무의 관리와 집행을 게을리 하는 지방자치단체의 장에 대한 이행명령과 이에 응하지 않는 경우에 대집행

---

2) 이하 부분은 프랑스 행정법 문헌을 중심으로 소개하고 있다.

할 수 있도록 규정하고 있는데 아래 설명과 꼭 맞아 떨어지지는 않지만 기본적으로 행정상 후견보다는 계서적 통제에 가깝다고 할 수 있다.

계서적 감독권의 내용은 상급행정기관이 자신의 지휘 하에 있는 기관 내지 소속 공무원이 가지는 권한에 대한 모든 권한의 총합을 의미한다. 후견적 감독은 법률규정에서 규정하고 있어야만 하지만, 계서적 통제의 경우 상급기관의 당연한 속성으로서 별다른 제약을 받지 않는다는 점에서 계서적 통제권은 행정상 분산의 요소가 된다.[R. Chapus]

일반적으로 행정조직에서 계서적 통제는 다음과 같은 특징을 가진다. 우선 계서적 통제권은 제한 없이 최대한 행사되어 진다. 다음으로 후견적 감독과는 달리 법률상 근거 없이도 별다른 제한 없이 적법성과 적정성(적시성)을 이유로 해서 행사된다. 따라서 국가나 상급 자치단체는 계서적 통제를 받는 지방자치단체의 집행기관의 행위에 대해 지휘(명령)권을 행사하거나 일정한 경우 일방적으로 그 행위를 일방적으로 변경하거나 취소할 수 있다.[S. Régourd] 계서적 통제의 내용인 감독기관의 변경조치나 취소행위는 감독청의 통제권 행사로 인해 하급기관의 처음의 의사결정 내용이 일방적으로 교체된다는 특징을 가진다. 계서적 통제로 나타나는 상급기관의 변경행위는 하급기관의 행위를 애초의 내용과 다르게 바꾸지만 그 효과는 소급하지 않는다. 이에 비해, 상급기관의 취소의 경우에는 하위기관의 의사결정 내용을 소급적으로 상실시키는데, 마치 피통제 하급기관의 의사결정이 없었던 것처럼 된다.[C. Guettier] 하지만 이론적 설명과 현실의 법령 규정의 모습은 일치하지 않으며 반드시 논리적 타당성을 갖고 있지는 않은 것 같다.

2. 국가와 지방자치단체의 후견적 관계

(1) 의의

지방자치법 제9장에 규정된 분권화된 지방자치단체 행위에 대한 행정상 통제는 처리하는 사무가 자치사무인지 아니면 기관위임사무에 따라 제188조에서 제192조에 걸쳐 규정하고 있다. 지방자치단체의 기관구성이 의회와 단체장이 서로 분리되어 견제하는 우리나라의 경우 지방자치단체의 법적 행위에 대해 의회와 단체장에 후견적 감독형태로 법률 조문이 구분되어 있지만 동일한 법주체인 지방자치단체의 자치사무의 처리에 관한 것이라는 점에는 차이가 없다.

지방자치단체의 자치사무의 경우 앞에 예를 든 승인행위나 지방지차단체장의 명령이나 처분에 대한 시정명령과 이에 대한 불이행시에 할 수 있는 취소와 정지(제188조)와 지방의회 의결에 대한 재의요구 지시나 이에 대한 해당 지방의회의 동일한 내용의 재의결에 대한 기관소송 제소 지시 내지 직접 제소와 집행정지결정 신청(제192조)을 들 수 있다.

실무나 학자들이 많이 비판해 온 기관위임사무의 경우 후견적 감독자인 국가(주무부장관)나 상급자치단체(시·도지사)측에서 사무처리 집행을 "명백히 게을리하고 있다"고 인정하면 이행명령을 하거나 대집행 또는 행정 및 재정상 조치를 할 수 있다(제189조). 학자들의 논의는 현실에선 맞아떨어지는 것도 있지만 다소 뒤섞여 나타나기도 하는데 오랜 기간 동안 우리 지방자치단체는 자치사무보다는 지방자치단체나 그 장이 위임받아 처리하는 사무에 익숙한 배경과도 관련이 있다.

(2) 후견적 감독과 계서적 통제의 혼합

1) 국가나 상급 지방자치단체의 지시

① 후견적 감독의 인정

반드시 법률에 규정된 명칭이나 용어에 구속될 필요는 없지만 지방자치법은 지방자치단체가 처리하는 위임사무(단체위임사무와 기관위임사무 포함)의 감독권자에 관해 규정하고 있다(제185조). 지방자치단체 사이의 우열이 인정되는 것은 아니지만 위임사무의 경우 시·도지사가 1차적으로 행정상 후견자의 위치에 있으며, 보충적으로 국가는 2차적으로 개입한다. 자치사무에 대한 지방자치단체장의 명령이나 처분이 위법하거나 현저히 부당하여 공익을 해치는 경우에 이러한 행정상 후견조치의 이중 장치가 작동하며 기관위임사무에 대해서도 동일하다. 하지만 기관위임사무는 지방자치단체 사무가 아니라 국가의 사무로서 행정상 후견조치보다는 계서적 통제의 대상이어서 같은 논리구조는 아니라고 본다.

② 자치사무에 대한 시정명령

지방자치단체의 사무인 자치사무와 단체위임사무에 관한 단체장의 명령이나 처분이 법령에 위반되거나 현저히 부당하여 공익을 해친다고 인정되는 경우에 행정상 후견 작용이 작동한다.

주무부장관이나 시·도지사는 기간을 정하여 서면으로 이를 시정할 것을 명하고(1단계: 시정명령) 그 기간에 지방자치단체의 장이 이를 이행하지 않는 경우(시장·군수 및 자치구 구청장에 대한 시·도지사의 시정명령이 있은 경우 포함) 이를 취소하거나 정지할 수 있다(2단계: 취소나 정지). 그리고 주무부장관은 시장·군수 및 자치구 구청장의 명령이나 처분에 대한 시·도지사의 시정명령의 불이행에 대한 시정명령과 직접 취소 내지는 정지가 가능하다(3단계: 대집행).

지방자치단체의 장은 이러한 자치사무에 관한 명령이나 처분의 취소 또는 정지에 대하여 이의가 있으면 그 취소처분 또는 정지처분을 통보받은 날부터 15일 이내에 대법원에 소를 제기할 수 있다(제188조제6항).

보통 자치사무라 할 때는 단체위임사무를 포함하고 단체위임 사무도 원래는 지방자치단체의 고유한 사무가 아니라 국가로부터 위임받은 것이므로 지방자치단체의 자치사무에 대한 행정상 후견감독은 법령을 위반한 경우에만 가능하다(제188조제5항). 이때 법령위반은 피후견 지방자지단체(장)의 재량권 행사(소속 공무원에 대한 승진인사행위)의 일탈이나 남용을 포함하는 가를 놓고 대법원 전원합의체 판결의 견해의 차이가 분명히 드러난 사건이 있었다. 광역시장이 소속 자치구 구청장에 대하여 전국공무원 노동조합 총파업에 참가한[3] 소속 직원에 대한 징계요구를 하였으나, 구청장이 이를 따르지 않고 반대로 이들을 승진시키자(재량행위) 다시 광역시장이 승진임용처분을 직권취소(재량행위)한 것이 적법한가에 대해 다수의견은 이를 적법하다고 보았다.[4] 당시 대법원의 다수 견해는 재량권의 일탈·남용은 지방자치법상의 법령 위반에 해당한다는 입장이었고, 소수 견해는 지방자치법 제188조제5항의 법령 위반은 일반적인 법령 위반 개념과는 다르게 해석해야 한다고 하였다.

---

3) 2004.11.5. 파업 당시 울산광역시 동구와 북구의 파업참가자는 전체 참여자의 20%를 상회하였고 두 지방자치단체 소속 공무원 전체인원 60%에 해당하였다.

4) 대법원 2007.3.22. 2005추62 판결.

이 판결에 대해 상급 지방자치단체가 하급 지방자치단체의 자치사무 집행에 대해 어느 정도까지 감독권을 행사할 수 있는가에 관해 시금석이 되는 판결이라는 평가도 있다.^{임영호} 행정상 후견은 민사상 후견과 달리 피후견의 이익(자치사무 수행)을 우선하는 것이 아니라는 점은 수긍이 되나, 이러한 후견적 감독권 행사는 자치사무 수행권의 위축이라는 부작용을 발생할 수 있다. 소수 견해에 드러난 지방자치 제도의 취지의 고려 부분은 수긍이 가지만 재량권의 일탈·남용을 일반적 법령위반과 지방자치법 제188조의 법령위반으로 구분해야 한다는 부분은 오히려 언급을 하지 않았더라면 어땠을까 하는 생각이 든다.

③ 기관위임사무에 대한 직무이행명령

기관위임사무의 경우 지방자치단체는 자신의 집행기관을 사용대차(使用貸借) 해주는 지위에 있다. 국가가 자신의 사무를 지방에서 수행하는 외곽조직처럼 지방자치단체의 집행기관을 동원하기 때문에 동일한 행정조직의 틀 안에 있는 것과 상황이 된다. 따라서 서로 다른 의사결정 주체의 존재를 전제로 하는 행정상 후견보다는 행정상 분산의 내용인 계서적 감독의 특징인 합목적성에 대한 포괄적 감독이 동원된다.

기관사무에 대한 상급자의 직무이행명령은 기관위임 사무에 대한 감독수단으로서 감독청이 지방자치단체의 장에게 대해 이행을 명하여 부작위를 시정하게 하는 권한이다(제189조제1항).

직무이행명령의 대상과 관련해 사립 초·중등학교 시국선언 참여교사에 대한 교육감의 징계요구 사무는 국가사무로서 교육감 등에 위임된 기관위임 국가사무라는 판례가 있다.⁵⁾

기관위임사무에 대한 감독청의 직무이행명령에 대해 지방자치단체장은 이행명령서를 접수한 날부터 15일 이내에 대법원에 이의소송과 집행정지결정을 신청할 수 있다(제189조제6항). 이러한 이의소송의 대상은 직무이행명령인데, 이를 통상의 항고소송의 대상인 '처분 등'으로 볼 것인지에 행정소송법상의 항고소송으로 보기는 어렵다고 해야 한다.^{6)홍정선}

---

5) 대법원 2013.6.27. 2009추206 판결.

2) 국가나 상급 지방자치단체의 대집행

지방자치법 제9장에서 볼 수 있는 대집행에 관한 규정은 후견적 감독이라기보다는 오히려 계서적 통제에 더 가깝다.

자치사무에 대한 광역지방자치단체장의 위법·부당한 명령이나 처분에 대한 시정명령권 행사가 진행되지 않는 경우(제188조제2항)에 주무부장관이 하는 취소나 정지권 행사(제188조제3항)의 경우 법문에도 불구하고 행정상 후견적 감독으로서 대집행의 성질을 가진다.

이에 대해 기관위임사무의 경우 지방자치법 제189조제2항에 따르면 기관사무의 직무이행명령의 불이행시에 상급기관(행정안전부장관/시·도지사)은 피후견 지방자치단체의 비용부담으로 이를 대집행하거나 필요한 행정·재정상 조치를 할 수 있는데, 이러한 내용은 사법화된 행정상 후견보다는 계서적 통제로서 변경이나 취소에 가깝다. 입법론으로 직무이행명령의 폐지와 함께 국가기관에 의한 대집행소송제도의 도입을 제안하는 입장도 있다.^{김상태}

---

6) 이를 기관소송으로 이해하는 견해도 있다(박균성, 문상덕, 이일세).

참고문헌

김상태, "기관위임사무에 대한 감독 수단으로서의 대집행소송제도 도입방안 – 지방자치법 제170조의 논의를 중심으로 – ", 「지방자치법연구」 제15권 제1호, 한국지방자치법학회, 2015.3., 한국지방자치법학회, 102 – 110쪽.

임영호, "지방자치단체의 감독권 행사에 관한 요건", 「사법」 제1권 제1호, 사법발전재단, 2007.1., 278~280쪽.

전훈, "한국 지방자치의 이해의 도구개념으로서의 프랑스 지방분권의 법적 접근 – 국가와 지방자치단체의 관계를 중심으로 – ", 「공법연구」 제33집 제1호, 한국공법학회 2004.12., 591~612쪽.

전훈, 프랑스 지방분권법, 경북대학교 출판부, 2011.

홍정선, 신지방자치법, 박영사, 2022, 644~669쪽.

A. de Laubadère · J. – C. Venezia · Y. Gaudemet, Traité de Droit Administratif, 15e édition, LGDJ, 1999.

C. Guettier, Institution administrative, 7e édition, Dalloz, 2019.

R. Chapus, Droit administratif, 15e édition, Montchrestien, 2001.

R. Maspetiol · P. Laroque, La tutelle administrative, Recueil Sirey, 1930.

S. Régourd, L'acte de tutelle en droit administratif français, LGDJ, 1982.

제2절 기관소송

지방자치법 제9장은 모두 10개 조문으로 이루어져 있지만 기관소송[7]에 관한 아래 내용을 통해 지방자치단체가 행사하는 자치행정의 모습을 냉정하게 확인해 볼 수 있다. 현재 지방자치법과 「지방교육자치에 관한 법률」에 따라 대법원에 제기되는 기관소송은 지방의회의 재의결 사항이 법령에 위반된다는 것 때문에 진행된다. 그런 점에서 보면 지방자치단체의 행위의 적법성 보장을 담보하기 위한 사법화된 행정상 후견이라 할 수 있다.

1. 지방자치법에 나타난 기관소송

제120조(지방의회의 의결에 대한 재의 요구와 제소)
① 지방자치단체의 장은 지방의회의 의결이 월권이거나 법령에 위반되거나 공익을 현저히 해친다고 인정되면 그 의결사항을 이송 받은 날부터 20일 이내에 이유를 붙여 재의를 요구할 수 있다.
② 제1항의 요구에 대하여 재의한 결과 재적의원 과반수의 출석과 출석의원 3분의 2 이상의 찬성으로 전과 같은 의결을 하면 그 의결사항은 확정된다.
③ 지방자치단체의 장은 제2항에 따라 재의결된 사항이 법령에 위반된다고 인정되면 대법원에 소(訴)를 제기할 수 있다. 이 경우에는 제192조제4항을 준용한다.

제192조(지방의회 의결의 재의와 제소)
① 지방의회의 의결이 법령에 위반되거나 공익을 현저히 해친다고 판단되면 시·도에 대해

---

7) 국가 또는 공공단체의 기관 상호 간에 있어서의 권한의 존부 또는 그 행사에 관한 다툼이 있을 때에 이에 대하여 제기하는 소송이다(행정소송법 제3조제4호). 현행 행정소송 체계상 기관소송은 선거소송과 같은 민중소송과 함께 개인의 권익보호와 관계없이 객관적인 행정작용의 적법성을 보장하는 객관소송에 해당한다.

서는 주무부장관이, 시·군 및 자치구에 대해서는 시·도지사가 해당 지방자치단체의 장에게 재의를 요구하게 할 수 있고, 재의 요구 지시를 받은 지방자치단체의 장은 의결사항을 이송받은 날부터 20일 이내에 지방의회에 이유를 붙여 재의를 요구하여야 한다.

② 시·군 및 자치구의회의 의결이 법령에 위반된다고 판단됨에도 불구하고 시·도지사가 제1항에 따라 재의를 요구하게 하지 아니한 경우 주무부장관이 직접 시장·군수 및 자치구의 구청장에게 재의를 요구하게 할 수 있고, 재의 요구 지시를 받은 시장·군수 및 자치구의 구청장은 의결사항을 이송받은 날부터 20일 이내에 지방의회에 이유를 붙여 재의를 요구하여야 한다.

③ 제1항 또는 제2항의 요구에 대하여 재의한 결과 재적의원 과반수의 출석과 출석의원 3분의 2 이상의 찬성으로 전과 같은 의결을 하면 그 의결사항은 확정된다.

④ 지방자치단체의 장은 제3항에 따라 재의결된 사항이 법령에 위반된다고 판단되면 재의결된 날부터 20일 이내에 대법원에 소를 제기할 수 있다. 이 경우 필요하다고 인정되면 그 의결의 집행을 정지하게 하는 집행정지결정을 신청할 수 있다.

⑤ 주무부장관이나 시·도지사는 재의결된 사항이 법령에 위반된다고 판단됨에도 불구하고 해당 지방자치단체의 장이 소를 제기하지 아니하면 시·도에 대해서는 주무부장관이, 시·군 및 자치구에 대해서는 시·도지사(제2항에 따라 주무부장관이 직접 재의 요구 지시를 한 경우에는 주무부장관을 말한다. 이하 이 조에서 같다)가 그 지방자치단체의 장에게 제소를 지시하거나 직접 제소 및 집행정지결정을 신청할 수 있다.

⑥ 제5항에 따른 제소의 지시는 제4항의 기간이 지난날부터 7일 이내에 하고, 해당 지방자치단체의 장은 제소 지시를 받은 날부터 7일 이내에 제소하여야 한다.

⑦ 주무부장관이나 시·도지사는 제6항의 기간이 지난날부터 7일 이내에 제5항에 따른 직접 제소 및 집행정지결정을 신청할 수 있다.

⑧ 제1항 또는 제2항에 따라 지방의회의 의결이 법령에 위반된다고 판단되어 주무부장관이나 시·도지사로부터 재의 요구 지시를 받은 해당 지방자치단체의 장이 재의를 요구하지 아니하는 경우(법령에 위반되는 지방의회의 의결사항이 조례안인 경우로서 재의 요구 지시를 받기 전에 그 조례안을 공포한 경우를 포함한다)에는 주무부장관이나 시·도지사는 제1항 또는 제2항에 따른 기간이 지난날부터 7일 이내에 대법원에 직접 제소 및 집행정지 결정을 신청할 수 있다.

⑨ 제1항 또는 제2항에 따른 지방의회의 의결이나 제3항에 따라 재의결된 사항이 둘 이상의 부처와 관련되거나 주무부장관이 불분명하면 행정안전부장관이 재의 요구 또는 제소를 지시하거나 직접 제소 및 집행정지 결정을 신청할 수 있다.

(1) 수평적 기관소송과 수직적 기관소송

기관소송은 지방자치단체의 조직 구성방식에 비추어 볼 때 동일한 법주체인 지방자치단체 내부에서 나타나는 권력분립원칙과 법령체계의 통일성 확보를 위한 동일한 법 주체(지방자치단체) 속의 상이한 기관(지방의회와 단체장)간 법적 분쟁인 경우(제120조제3항, 첫 번째 유형)와 행정상 후견인 지위에 있는 주무부장관이나 시·도지사의 지방자치단체장에 대한 조례안 재의결 요구 지시와 해당 지방의회의 전과 동일한 내용의 재의결에 대한 대법원 제소(제192조제4항, 두 번째 유형)를 포함한다. 앞의 경우가 수평적 기관소송이라면 뒤의 것은 수직적 기관소송에 해당한다. 그리고 지방자치단체의 법적 행위의 통제라는 점에서 수직적인 모습을 가지지만 후견적 감독기관의 기관소송 제기의 대집행과 같은 구조를 가진 감독소송(제192조제5항, 세 번째 유형)이 있다.

기관소송은 동일한 법 주체의 서로 다른 기관 간의 소송이라는 점(다수설)에서 세 번째 유형은 특수한 형태의 지방자치법상의 고유한 행정소송이다. 다만, 동일한 법 주체를 엄격하게 해석하지 않는 입장에서는 비록 제소의 법적 주체는 상이하지만 지방자치단체의 행위의 법령 위반을 이유로 한 단체장의 제소행위 거부에 대한 후견적 감독 소송의 대집행이라고 본다면 동일한 법 주체간의 기관소송의 형태로 파악할 수 있을 것이다.

(2) 행정상 후견(시정명령 불이행에 대한 감독청의 취소·정지)과 지방자치단체장의 제소

지방자치단체의 자치사무나 위임사무의 집행에 대한 단체장의 명령이나 처분이 법령에 위반되거나 현저히 부당하여 공익을 해친다고 인정되면 주무부장관이나 시·도지사는 행정상 후견인(행정조직 체계상 상급 감독청의 입장이라기보다는 법령체계의 통일성 확보 차원)의 지위에서 시정명령을 발하고 이에 대한 불이행이 있는 경우 이를 취소하거나 정지할 수 있다(제188조제1항·제5항, 앞에서 말한 행정상 후견감독 조치의 내용인 취소권).

이때 시정명령은 그 내용을 특정한 지시는 아니라는 점^{홍정선}은 행정상 분권의 내용인 후견적 감독과 계서적 통제와의 구별의 잣대가 되기도 한다. 여하튼 간에 이러한 행정상 후견적 감독조치에 대해 저항하는(시정명령의 불이행) 지방자치단체에 대한 취소권 행사에 대해 지방자치단체장이 대법원에 제기하는 제188조제6항의 소송도 기관소송의 유형으로 볼 수 있다는 견해도 있다.[8)한견우] 하지만 대부분 교재는 이를 통상의 항고소송의 특별한 형태를 지방자치법에서 인정한 것으로 설명하고 있다.

2. 제192조의 검토

지방자치법 제192조는 지방의회의 자율적 의사결정과 행정상 후견의 목적인 법치행정과의 긴장관계를 보여주는 기관소송에 관한 것이다. 「행정소송법」에서 인정하는 기관소송은 별도의 법률에서 정한 경우에만 제기할 수 있는 소송(「행정소송법」 제3조제4호, 45조)이어서 현실적으로 지방자치법 제192조제4항이 제120조제3항에 준용되고(다만 제120조는 지방자치단체의 의회와 단체장간의 관계에 관한 것이다) 「지방교육자치에 관한 법률」 제28조제3항·제4항의 경우도 그 실질은 동일한 것이어서 두 번째 기관소송 유형(수직적 기관소송)을 검토하는 것이 의미가 있다.

(1) 행정상 후견의 구체화

헌법에 따라 지방자치단체는 법령을 어기지 않는 한 주민의 복리에 관한 자치사무를 자유로이 결정할 수 있으며 주로 지방의회의 의사결정과 단체장의 집행을 통해 구체화된다. 개정 전 지방자치법 제9장의 제목처럼 '국가의 지도와 감독'의 시각에서는 지방자치법 제192조는 자치사무에 관한 사후적 감독으로서 지방의회에 대한 감독수단인 이의제도에 해당한다.[홍정선]

하지만 위 법률 조항의 내용의 변경이 없음에도 불구하고 현행 법률은 그 장의 제목을 '국가와 지방자치단체간의 관계'로 변경하였다. 다시 말해, 입법자는 이제

---

8) 기관소송의 개념을 반드시 동일한 법 주체 내부의 소송으로만 한정하지 않고 헌법재판소의 관할인 권한쟁의심판이 아닌 행정법상 문제에 대한 행정기관 사이의 권한의 존부나 행사에 관한 다툼이라면 가능하다고 이해한다.

지방분권의 전제인 분권화된 지방자치단체와 이들이 수행하는 자치행정에 대한 적법성 보장을 위한 행정상 후견의 내용으로서 기관소송을 정면으로 바라보고 있다. 주권의 단일성과 주권행사의 구체적 표현인 법률 제정권의 국가독점을 한계로 하는 단일국가의 법령체계의 통일성 차원에서 지방의회 의결 중 특히 조례제정의 자유를 일정 부분 제한하고 있다고 설명할 수 있다. 우리 지방자치법상 행정상 후견(감독)은 어느 정도 사법절차화(오히려 이 점이 행정상 후견의 본질적 부분이기도 하다)되어있는데 대법원의 사법적 판단을 요구하는 과정에서 국가와 지방자치단체사이의 행정상 후견감독과 지방의회의 재의결이라는 지방권력 담당자의 힘겨루기가 나타나기도 한다.

1) 주무부장관 · 시 · 도지사의 재의(再議)요구

국가(지방자치단체)나 상급지방자치단체(시·도지사)는 지방의의회의 의결이 법령에 위반되거나 공익을 현저히 해친다고 판단되는 경우 해당 지방자치단체의 장에게 재의를 요구하게 할 수 있다. 기관대립형 지방자치단체 조직구성 체계에서는 지방자치단체장은 지방의회 의결이나 조례 제정과정에서 재의요구권을 행사할 수 있다. 제120조제3항의 기관소송도 제192조의 사유 중 하나인 법령위반을 이유로 재의요구를 하였지만 지방의회가 동일한 의결을 한 경우에 제기할 수 있다. 비록 의결은 지방의회가 하지만 재의요구의 상대방은 지방의회가 아니라 지방자치단체의 장이다. 지방자치법은 재의요구명령의 대상을 조례에 국한하지는 않았지만(의결이다) 중요성이나 구속력 차원에서 보아도 조례안이 대부분일 수밖에 없다.

지방자치단체의 의결기관에 대해 다시 의결하라고 요청하기 위해서는 그 의결이 법령에 위반한다는 것뿐만 아니라 공익을 현저히 해치는 것이 무엇인지에 대해 논의가 있다. 같은 제120조제4항은 법령위반만을 이유로 기관소송을 인정하고 있으므로 부당의 의미로 보아야 하고 자치사무 중 단체위임사무에 해당하는 것으로 보아야 한다.^{홍정선}

한편 재의요구를 철회할 수 있는가에 대해 서울특별시 학생인권조례안 재의요구와 관련해 지방의회의 조례안 의결에 대하여 재의요구를 한 교육감은 지방의회가 재의결 전에는 이를 철회할 수 있다고 한 헌법재판소의 권한쟁의심판 결정이 있다.[9] 해당 사건의 경우 당시 집권 정부와 정치적 배경이 다른 선출직 교육감이 업무 수행을 못하게 된 상황에서, 정부와 같은 입장인 교육감 권한대행(부교육감)이 한 재의요구를, 다시 업무에 복귀하여, 철회한 것이라는 점을 고려하면 반드시 논리적인 (정치적 중립성) 관점에서만 바라볼 수 없는 지방교육자치의 단면을 엿볼 수 있다.

한편 기초자치단체의 의회의 의결이 법령위반을 이유로 한 경우에 제192조제1항에 따라 시·도지사가 재의요구를 하지 않는 경우에는 주무부장관이 직접 이를 대신하기도 한다(제192조제2항). 주권의 불가분과 단일국가의 법령체계의 통일성 확보 차원에서 중앙정부와 광역자치단체장의 정치적 입장과 정책관의 차이에서 야기 될 수 있는 법적 안정성 차원에서 수긍할 수 있다. 그리고 행정상 후견의 내용인 재의요구는 지방자치단체의 지방의회를 상대방으로 하는 의무적 요구라 할 수 있다.

2) 지방의회의 재의결

지방자치법 제192조제1항 또는 제2항의 요구에 대하여 재의한 결과 재적의원 과반수의 출석과 출석의원 3분의 2 이상의 찬성으로 전과 같은 의결을 하면 그 의결사항은 확정된다(제192조제3항). 의결정족수를 일반의결 정족수(과반수 출석에 출석과반수 찬성)가 아닌 가중 의결정족수를 요구하는 것은 지방의회의 의사가 확고하고 변경의지가 없음을 뜻하는 동시에 중앙권력과 지방권력의 갈등을 알리는 메시지이기도 하다.

---

9) 헌법재판소 2013.9.26. 2012헌라1(서울특별시의회는 2011. 12. 19. 서울특별시 학생인권 조례안을 의결하고 다음날 서울특별시교육감 권한대행에게 이송하였다. 교육과학기술부장관(청구인)은 서울특별시교육감 권한대행에게 이 사건 조례안에 대해 재의요구를 하도록 요청하지 않았다. 하지만 서울특별시교육감 권한대행이 2012. 1. 9. 「지방교육자치에 관한 법률」제28조 제1항, 지방자치법 제120조제1항에 따라 이 사건 조례안에 대하여 서울특별시의회에 재의를 요구하였다. 그런데 서울특별시교육감(피청구인)이 업무에 복귀한 뒤 2012. 1. 20. 16:45 위 조례안에 대한 재의요구를 철회하였고, 청구인은 2012. 1. 20. 17:08 서울특별시교육감에게 조례안에 대한 재의요구를 하도록 요청하였다. 그러나 서울특별시교육감은 청구인의 재의요구 요청을 따르지 아니하고, 2012. 1. 26. '서울특별시 학생인권 조례'(서울특별시조례 제5247호)를 공포하였다. 이에 청구인은, 피청구인의 재의요구 철회와 '서울특별시 학생인권 조례' 공포 행위 및 재의요구 요청에도 불구하고 이를 하지 아니한 부작위가 청구인의 조례안에 대한 재의요구 요청 권한을 침해하였다고 주장하며, 2012. 3. 9. 권한쟁의심판을 청구하였다).

(2) 행정소송의 제기

1) 지방자치단체장의 소송제기

지방자치단체의 장은 지방의회의 재의결 법령에 위반된다고 판단되면 재의결된 날부터 20일 이내에 대법원에 소를 제기할 수 있고 필요하다고 인정되면 집행정지 결정을 신청할 수 있다(제192조제4항). 지방자치단체의 의사결정의 적법성 보장을 위한 기관소송(두 번째 유형)의 전형이며, 행정상 후견과 무관한 단체장이 제기하는 수평적 기관소송(첫 번째 유형)에도 그대로 준용된다. 한편 공익을 현저히 해한다는 이유로 단체장의 기관소송 제기는 현실적으로 불가능한지 의문이 들기도 하지만 법령위반에 한정된다. 법률 규정도 그렇지만 행정상 후견의 관점에서도 법률에 근거 없거나 그 범위를 넘는 감독은 부정하는 것이 타당하다.

2) 주무부장관이나 시·도지사의 제소지시나 직접 제소

만일 재의요구 요청을 받은 지방자치단체장이 재의를 요구하지 아니하는 경우에 그 재의요구 사유가 법령위반인 경우에는 후견적 감독기관(주무부장관·시·도지사)은 제1항에 따른 기간이 지난날로부터 직접 제소 및 집행정지신청[10]을 할 수 있다 (제192조제7항). 이를 지방분권론의 관점에서는 사법절차화된 행정상 후견의 대집행으로 이해할 수 있다고 언급하였다. 지방자치법상의 특수한 규범소송으로 소개하는 견해도 있다.[문상덕]

만약에 주무부장관이나 시·도지사로부터 제소지시를 받아 대법원에 소송을 제기한 뒤에 후견기관의 동의 없이 이를 취하한 경우라면 실무에서는 처음부터 소가 제기되지 않은 것으로 본다. 따라서 후견기관으로선 피후견 관계에 있는 지방자치단체의 장에 의한 소취하의 효력 발생을 안 날로부터 7일 이내에 직접 제소할 수 있다.[11][홍정선]

---

10) 1994년 3월 16일 개정 전 지방자치법에서는 지방자치단체장이 대법원에 소를 제기하면 재의결의 효력은 대법원 판결이 있을 때까지 당연 정지되도록 하고 있으나 개정 이후 지방자치단체장의 집행정지결정 신청으로 변경되었다.

11) 대법원 2002.5.31. 선고 2001추88 판결(서울특별시 서초구의회(피고)가 2001.7.9. '서울특별시서초

참고문헌

문상덕, "지방자치쟁송과 민주주의", 「지방자치법연구」 제10권 제2호, 2010.6., 한국지방
　　자치법학회, 33쪽.
전훈, "한국 지방자치의 이해의 도구개념으로서의 프랑스 지방분권의 법적 접근 – 국가와
　　지방자치단체의 관계를 중심으로 – ", 「공법연구」 제33권 제1호, 한국공법학회 2004.12.,
　　591~612쪽.
홍정선, 신지방자치법, 박영사, 2022, 338~344쪽.

구개발제한구역내행위허가기준등에관한조례안'을 의결하여 서초구청장에게 이송하였고, 서초구청
장은 2001. 7. 28. 서울특별시장(원고)의 재의요구 지시에 따라 피고에게 재의를 요구하였다. 피
고는 2001.9.27. 위 조례안을 원안대로 재의결함으로써 이 사건 조례안이 확정되었으나 서초구청
장은 제소를 하지 않았다. 서초구청장은 원고가 2001.10.23. 제소를 지시하자 2001.10.30. 대법원
에 위 조례안의 효력을 다투는 소송을 제기하였다가, 2001.11.22. 피고의 동의를 받아 이를 취하
하였다. 그러자 원고는 2001.11.28. 직접 위 조례안의 효력을 다투는 소를 제기하였다).

제3편

지방민주주의

2021년 지방자치법의 전면개정은 지방자치단체의 의사결정 과정에 주민의 역할과 주도권이 강조되었다는 점에서 전통적인 대의제 의사결정 방식에 직접 민주적 요소가 강화된 점을 특징으로 들 수 있다. 지방자치법은 제1장 총강에 이어 제2장에서 주민에 관한 규정을 두고 있었다. 이번 개정 과정을 통해 주민의 조례제정 참여를 위한 별도의 법률과 자치행정 참여에 대한 제도적 변화를 두었다. 대의제를 기초로 한 지방민주의와 주민의 직접참여의 확대는 서로 충돌한다기보다는 보완적으로 다양한 자치행정의 실현을 위해 서로 보완적 역할을 수행할 것이다.

제1절 지방의회

1. 지방의회의 조직 및 권한

(1) 지방의회의 지위

지방의회는 우리 헌법상 반드시 설치하여야 하는 필수기관이다.[홍준형] 우리 헌법은 제118조제1항에서 "지방자치단체에 의회를 둔다."라고 규정하고 있다. 즉, 지방자치단체의 기관구성 형태가 어떠하던지 지방의회는 반드시 설치하여야 하는 기관에 해당한다. 지방자치법은 "지방자치단체에 주민의 대의기관인 의회를 둔다."라고 규정하고 있는데(제37조), 이는 헌법 제118조제1항의 내용을 확인하는 규정이라고 할 수 있다. 우리 지방자치법상 지방의회는 지방자치단체의 주민대의기관, 자치입법기관, 의결기관, 집행기관에 대한 통제기관 등의 지위를 갖는 것으로 이해되고 있다.[1]

---

1) 김유환, 현대행정법, 박영사, 2022, 766쪽; 박균성, 행정법론(하), 박영사, 2021, 117쪽; 이기우·하승수, 지방자치법, 대영문화사, 2007, 232쪽; 천병태·김민훈, 지방자치법, 삼영사, 2005, 177쪽; 홍정선, 신지방자치법, 박영사, 2022, 222쪽; 홍준형, 지방자치법, 대명출판사, 2021, 94쪽. 다만,

(2) 지방의회의 구성

1) 의장과 부의장

지방의회는 지방의회의원 중에서 시·도의 경우 의장 1명과 부의장 2명을, 시·군 및 자치구의 경우 의장과 부의장 각 1명을 무기명투표로 선출하여야 한다(법 제57조제1항). 의장과 부의장의 임기는 2년으로 한다.

지방의회의 의장은 의회를 대표하고 의사(議事)를 정리하며, 회의장 내의 질서를 유지하고 의회의 사무를 감독한다(제58조). 지방의회의 의장이 부득이한 사유로 직무를 수행할 수 없을 때에는 부의장이 그 직무를 대리한다(제59조). 지방의회의 의장과 부의장이 모두 부득이한 사유로 직무를 수행할 수 없을 때에는 임시의장을 선출하여 의장의 직무를 대행하게 한다(제60조).

지방의회의 의장이나 부의장이 법령을 위반하거나 정당한 사유 없이 직무를 수행하지 아니하면 지방의회는 불신임을 의결할 수 있다. 불신임 의결은 재적의원 4분의 1 이상의 발의와 재적의원 과반수의 찬성으로 한다. 불신임 의결이 있으면 지방의회의 의장이나 부의장은 그 직에서 해임된다(제62조).

2) 위원회

지방의회는 조례로 정하는 바에 따라 위원회를 둘 수 있는데, 위원회의 종류는 소관 의안(議案)과 청원 등을 심사·처리하는 상임위원회와 특정한 안건을 심사·처리하는 특별위원회가 있다(제64조). 위원회는 그 소관에 속하는 의안과 청원 등 또는 지방의회가 위임한 특정한 안건을 심사한다(제67조).

위원회에는 위원장과 위원의 자치입법활동을 지원하기 위하여 지방의회의원이 아닌 전문지식을 가진 전문위원을 둔다. 전문위원은 위원회에서 의안과 청원 등의 심사, 행정사무감사 및 조사, 그 밖의 소관 사항과 관련하여 검토보고 및 관련 자료의 수집·조사·연구를 한다(제68조).

위원회는 본회의의 의결이 있거나 지방의회의 의장 또는 위원장이 필요하다고 인정할 때, 재적위원 3분의 1 이상이 요구할 때에 개회한다. 폐회 중에는 지방자치

지방의회가 행정기관에 해당하는지에 관하여는 견해의 대립이 있다.

단체의 장도 지방의회의 의장 또는 위원장에게 이유서를 붙여 위원회 개회를 요구할 수 있다(제70조).

(3) 지방의회의 권한

지방의회는 자치입법에 관한 권한(조례제정권 등), 재정·경제에 관한 권한(예산안을 심의·확정, 결산승인, 법령에 규정된 것을 제외한 사용료·수수료·분담금·지방세 또는 가입금의 부과와 징수, 기금의 설치·운용, 대통령령으로 정하는 중요 재산의 취득·처분, 대통령령으로 정하는 공공시설의 설치·처분, 법령과 조례에 규정된 것을 제외한 예산 외의 의무부담이나 권리의 포기 등), 집행기관 통제에 관한 권한(행정사무 감사 및 조사) 등의 권한을 갖는다.^{홍정선}

구체적으로, 지방자치법 제47조에는 지방의회가 의결할 수 있는 사항이 규정되어 있다. 지방의회는 공통적으로 1. 조례의 제정·개정 및 폐지, 2. 예산의 심의·확정, 3. 결산의 승인, 4. 법령에 규정된 것을 제외한 사용료·수수료·분담금·지방세 또는 가입금의 부과와 징수, 5. 기금의 설치·운용, 6. 대통령령으로 정하는 중요 재산의 취득·처분, 7. 대통령령으로 정하는 공공시설의 설치·처분, 8. 법령과 조례에 규정된 것을 제외한 예산 외의 의무부담이나 권리의 포기, 9. 청원의 수리와 처리, 10. 외국 지방자치단체와의 교류·협력, 11. 그 밖에 법령에 따라 그 권한에 속하는 사항 등을 의결한다. 그 밖에도 지방자치단체의 조례로 정하는 바에 따라 지방의회에서 의결되어야 할 사항을 별도로 정할 수 있다(제47조제2항 참조).

(4) 지방자치단체 기관구성 다양화와 지방의회의 역할 변화 가능성

1) 기관구성 다양화의 법적 근거 마련

위에서 살펴본 지방의회의 권한과 역할은 현재의 지방자치법에서 정한 기관대립형 기관구성 형태를 전제로 한 것이다. 그런데 지방자치법은 다양한 기관구성 형태의 도입을 위한 법적 근거를 마련하였다. 지방자치법 제4조[2])에서 지방의회와 집행

---

2) 지방자치법 제4조(지방자치단체의 기관구성 형태의 특례) ① 지방자치단체의 의회(이하 "지방의회"라 한다)와 집행기관에 관한 이 법의 규정에도 불구하고 따로 법률로 정하는 바에 따라 지방자치단체의 장의 선임방법을 포함한 지방자치단체의 기관구성 형태를 달리할 수 있다.
   ② 제1항에 따라 지방의회와 집행기관의 구성을 달리하려는 경우에는 「주민투표법」에 따른 주민

기관에 관한 지방자치법의 규정에도 불구하고 따로 법률로 정하는 바에 따라 지방자치단체의 장의 선임방법을 포함한 지방자치단체의 기관구성 형태를 달리할 수 있도록 규정하였다(제4조제1항 참조).

지방자치단체의 입법과 행정기능을 각각 주민에 의하여 직접 선출된 다른 기관이 담당하는 방식을 '기관대립형'이라고 하고, 주민이 선출한 의회가 입법과 행정기능을 모두 담당하는 방식을 '기관통합형'이라고 한다. 우리나라는 지방자치단체의 규모, 인구 등과 관계없이 모든 지방자치단체에서 단체장과 의회를 주민이 직접 선출하는 방식, 즉 집행기관과 의회의 기관대립형 방식을 따르고 있다. 전부개정된 지방자치법은 이러한 일률적 규율 대신, 지방자치단체별로 각자의 여건에 맞는 기관구성의 형태를 주민들이 선택할 수 있도록 하려는 취지를 가지고 있다.[이진수]

2) 미국의 사례 검토

지방자치법 전부개정을 통하여 도입하고자 하는 이른바 지방자치단체의 기관구성 다양화는 주로 미국의 제도를 모델로 하고 있는 것으로 보인다. 주지하다시피, 미국에서는 지방정부(local government)의 형태로 5가지 모델이 소개되고 있다. 의회－매니저형(council－manager), 시장－의회형(mayor－council), 위원회형(commission), 주민총회형(town meeting), 대의원 주민총회형(representative town meeting) 등이 그것이다. 실제로는 이러한 5가지 모델이 모두 활용되고 있는 것 같지는 않고 주로 3가지 모델이 사용되고 있다고 한다.[Baker · Gillette · Schleicher] 시장－의회형, 의회－매니저형, 그리고 위원회형이 그것이다.[3] 이러한 모델 중에서 현재는 의회－매니저형이 가장 많은 지방정부가 채택하고 있는 기관구성 형태라고 한다. 미국의 지방정부 중 50% 정도가 의회－매니저형을 채택하고 있다.[Reynolds, Jr., Osborne M.] 그리고 시장－의회형이 두 번째로 많이 사용되고 있다. 이하에서는 두 모델의 특성을 간략히 살펴본다.

투표를 거쳐야 한다.

3) 다만, 실제로는 위원회형도 거의 채택되지 않고 있다고 한다. 위원회형은 약 5%에 불과하다고 한다(Baker · Gillette · Schleicher).

① 의회-매니저형

의회-매니저형은 주민들에 의하여 선출된 지방의회와 지방의회가 고용한 매니저로 구성된다. 의회-매니저형 지방정부에도 시장(mayor)이 존재하는 경우도 많은데, 이 경우에 시장은 의회에서 선출되기도 하고 직접 선거로 선출되기도 하지만 실제로 집행기능은 수행하지 않고 정치적 지도자로서의 역할만 담당한다고 한다.[Baker · Gillette · Schleicher]

이 모델에서는 지방의회의 구성원들이 전통적인 정책결정과 입법기능을 수행하고, 행정적 책임은 시티 매니저가 담당하게 된다. 시티 매니저는 경영책임자와 같은 존재로, 행정조직의 장으로서 모든 시정을 담당한다. 시티 매니저는 행정에 관한 전문성을 가진 사람들 중에서 임명되는데, 해당 지방자치단체의 주민이 아닌 사람 중에서도 당연히 선발될 수 있다고 한다. 그리고 실제로는 종종 다른 지방정부에서 행정에 성공하고 성과가 좋은 시티 매니저를 스카우트하려 하는 현상도 나타난다고 한다.[Reynolds, Jr., Osborne M.]

미국에 있어서 의회-매니저형 기관구성이 가장 많은 지방정부에서 채택되고 있기는 하지만, 이에 관하여는 주민들에 의하여 직접 선출되지 않은 사람에게 권한이 집중된다는 문제점은 여전히 지적되고 있다고 한다. 다만, 의회-매니저형 지방정부가 권력분립원칙에 위반되는 것은 아닌 것으로 이해되고 있다.

② 시장-의회형

미국 지방정부 구성에서는 시장-의회형이 두 번째로 많이 채택되는 모델이라고 한다. 시장-의회형에서는 의회가 입법기구이고, 시장은 선거로 선출되고 최고집행자로서 기능한다. 미국의 경우에 대도시에서는 강한 시장-의회형 모델이 주로 나타난다고 한다. 여기에서는 시장이 광범위한 행정권한, 예산권한, 인사권한을 행사한다.[Baker · Gillette · Schleicher] 시장-의회형은 우리나라의 현재 기관대립형 구조와 크게 다르지 않은 것으로 보인다.

(5) 정리

지방자치법 제4조에 따라 기관구성 형태를 다양화하기 위해서는 먼저 그에 관한 법률이 제정되어야 한다. 또한, 법률에서 다양한 기관구성 형태가 제시된다고 해도, 현행 기관대립형 모델에서 다른 형태로 변경하려면 지방자치법 제4조제2항에 따라 주민투표를 거쳐야 한다. 이러한 점을 고려한다면, 기관구성 다양화를 위한 입법이 된다고 하여도 실제로는 기관구성 형태의 변화는 쉽게 일어나기는 어려울 것이고 대부분의 지방자치단체에서 현재와 같은 기관대립형 구성형태를 계속 유지할 것으로 예측된다.

한편, 기관구성 형태 중 지방자치단체의 장을 직선제로 선출하지 않은 모델의 경우에는 또 다른 검토가 필요하다. 즉, 우리나라에서도 주민들이 단체장을 직접 선출하지 않는 형태의 기관구성이 허용될 수 있는가에 하는 것이다. 우리 헌법에서는 지방자치단체장의 선임방법을 법률로 정하도록 규정하고 있어서(제118조제2항 참조), 지방자치단체장의 직선제가 헌법 명문 규정에 의하여 반드시 요구되고 있는 것은 아니다. 다만, 우리 헌법재판소의 다음과 같은 판시는 지방자치단체장을 직선제가 아닌 다른 방식으로 선출할 수 있도록 하는 법률은 위헌이 될 수 있다는 취지로 읽힐 여지도 있어 보인다.

"헌법에서 지방자치제를 제도적으로 보장하고 있고, 지방자치는 지방자치단체가 독자적인 자치기구를 설치해서 그 자치단체의 고유사무를 국가기관의 간섭 없이 스스로의 책임 아래 처리하는 것이라는 점에서 지방자치단체의 대표인 단체장은 지방의회의원과 마찬가지로 주민의 자발적 지지에 기초를 둔 선거를 통해 선출되어야 한다. 공직선거 관련법상 지방자치단체의 장 선임방법은 '선거'로 규정되어 왔고, 지방자치단체의 장을 선거로 선출하여 온 우리 지방자치제의 역사에 비추어 볼 때, 지방자치단체의 장에 대한 주민직선제 이외의 다른 선출방법을 허용할 수 없다는 관행과 이에 대한 국민적 인식이 광범위하게 존재한다고 볼 수 있다."[4]

---

4) 헌법재판소 2016.10.27. 2014헌마797 결정.

이에 관하여는 보다 많은 연구와 논의가 필요할 수 있을 것이나, 위의 헌법재판소 결정이 헌법 규정이 아닌 현행 법률인 지방자치법과 공직선거법 등에서 지방자치단체의 장의 선임방법이 선거로 규정되어 있다는 점을 첫 번째 논거로 하고 있다는 점에서, 향후 기관구성 다양화를 위한 입법을 통하여 직선제가 아닌 방식으로 지방자치단체의 장을 선임할 수 있도록 하는 법률 개정이 이루어진다면, 그 법률을 위헌으로 판단하기는 어려울 것이라 생각된다.[5]

2. 지방의회의 역할 강화를 위한 지원제도

지방의회가 헌법 및 지방자치법에 따라 인정되는 역할을 제대로 수행하기 위해서는 지방의회의 구성원인 지방의원의 역량 자체도 높아야 하겠지만, 집행기관에 대응하여 직무를 수행할 수 있도록 지방의회와 지방의원에 대한 여러 지원이 체계화되어야 할 것이다.

(1) 의회사무기구의 설치

먼저, 지방의회의 사무처리를 위하여 사무처리기구가 설치되어 있다. 현행 지방자치법은 제102조에서 의회사무기구에 관하여 규정하고 있다. 즉, 시·도의회에는 사무를 처리하기 위하여 조례로 정하는 바에 따라 사무처를 둘 수 있으며, 사무처에는 사무처장과 직원을 둔다(제102조제1항). 시·군 및 자치구의회에는 사무를 처리하기 위하여 조례로 정하는 바에 따라 사무국이나 사무과를 둘 수 있으며, 사무국·사무과에는 사무국장 또는 사무과장과 직원을 둘 수 있다(제102조제2항). 그리고 의회사무기구에서 근무하는 사무처장·사무국장·사무과장 및 직원은 지방공무원으로 보한다(제102조제3항 참조).

구체적으로 살펴보면, 의회사무처는 특별시, 광역시, 특별자치시·도·특별자치도

---

5) 헌법 제118조제2항에서 단체장 선임방법은 법률로 정하도록 규정하고 있다는 점, 헌법 제117조제2항에 지방자치단체의 조직형태에 관하여 아무런 제한이 없다는 점, 지방자치의 본질을 고려하면 지방마다 자신에게 적합한 조직을 선택할 수 있어야 한다는 점, 그리고 남북통일 이후에 활용 필요성 등을 감안하면 기관구성 다양화를 위한 제도 도입은 위헌이 아니라는 견해도 있다(홍정선, 지방자치법, 박영사, 2022, 220쪽).

에 설치하고, 의회사무국은 지방의원의 정수가 10명 이상인 시·자치구, 지방의원
의 정수가 10명 이상이고 별표 3 제1호 실·국의 설치기준에서 "인구 10만 미만"
구간의 기준을 적용받지 아니하는 군에 설치한다. 의회사무과는 지방의원의 정수
가 10명 미만인 시·군·구, 별표 3 제1호 실·국의 설치기준에서 "인구 10만 미만"
구간의 기준을 적용받는 군에 설치한다(「지방자치단체의 행정기구와 정원기준 등에 관
한 규정」[별표 4] 제1호).

(2) 전문위원제

지방의회에는 조례로 정하는 바에 따라 상임위원회 및 특별위원회와 같은 위원
회를 설치할 수 있다. 그리고 위원회에는 위원의 자치입법활동을 지원하기 위하여
의원이 아닌 전문지식을 가진 위원을 둘 수 있는데, 이를 전문위원이라고 한다(제
67조). 전문위원은 위원회에서 의안과 청원 등의 심사, 행정사무감사 및 조사, 그
밖의 소관 사항과 관련하여 검토보고 및 관련 자료의 수집·조사·연구를 한다(제68
조제2항). 전문위원은 소속위원회의 사무를 처리할 때 소속위원회 위원장의 지휘를
받으며, 그 외의 일반적인 사무는 의회사무처장이나 의회사무국장·의회사무과장의
지휘·감독을 받는다(제68조제3항).

(3) 지방의회의 인사권 독립 등 자율성 강화

종전에는 지방의회에 두는 사무직원의 임명권이 지방자치단체의 장에게 있었다.
사무직원은 지방의회의 의장의 추천에 따라 그 지방자치단체의 장이 임명하도록
되어 있었다(구 지방자치법 제91조 참조). 그리고 헌법재판소는 위 규정에 대하여 합
헌으로 판단한 바 있다.[6]

---

6) 헌법재판소 2014.1.28. 2012헌바216 결정(신규임용 등 효율적인 인력수급의 측면에서 보면, 지방
   의회 사무직원의 임용은 일정 규모를 갖춘 지방자치단체 소속 지방공무원 중에서 전보되거나 파
   견되는 등의 형태를 띨 수밖에 없는 구조이다. 지방의회 사무 담당 적임자에 관한 인사정보 또한
   지방자치단체를 통합하는 지방자치단체의 장에게 집적될 수밖에 없으므로 그 적임자를 적재적소
   에 배치함으로써 지방의회 사무직원의 전문성을 높일 수 있는 주체 또한 지방자치단체의 장이 적
   합하다. 이런 측면에서 보면, 위 조항은 지방자치법 제101조, 제105조 등에서 규정하고 있는 지방
   자치단체의 장의 일반적 권한의 구체화로서 우리 지방자치의 현황과 실상에 근거하여 지방의회 사
   무직원의 인력수급 및 운영 방법을 최대한 효율적으로 규율하고 있다. 위 조항에 따른 지방의회 의
   장의 추천권이 적극적이고 실질적으로 발휘된다면 지방의회 사무직원의 임용권이 지방자치단체의

하지만 지방자치법 전부개정에 따라 지방의회의 의장은 지방의회 사무직원을 지휘·감독하고 법령과 조례·의회규칙으로 정하는 바에 따라 그 임면·교육·훈련·복무·징계 등에 관한 사항을 처리하게 되어(제103조제2항 참조), 이제는 지방의회 사무직원에 대한 인사권한은 지방의회 의장이 행사하게 되었다.

지방의회 인사권 독립 문제는 종래에 지방의회의 제도개선방안으로 학계에서 꾸준히 주장되어 왔고, 더 나아가 지방공무원의 직렬에 의회 직렬을 별도로 신설하는 것이 필요하다는 주장도 있다.^{김순은}

 참고문헌

김순은, 지방의회의 발전모형, 조명문화사, 2015, 251쪽.

이진수, "지방자치법 전부개정법률안과 제주특별자치도의 차등 분권의 지향점 – 제주특별자치도의회를 중심으로", 공법학연구 제21권 제1호, 2020, 33~55쪽.

홍준형, 지방자치법, 대명출판사, 2021, 94쪽.

Baker·Gillette·Schleicher, Local Government Law – Cases and Materials, 6th, Foundation Press, 2022.

Reynolds, Jr., Osborne M., Local Government Law, 5th, West Academy, 2019.

장에게 있다고 하더라도 그것이 곧바로 지방의회와 집행기관 사이의 상호견제와 균형의 원리를 침해할 우려로 확대된다거나 또는 지방자치제도의 본질적 내용을 침해한다고 볼 수는 없다).

제2절 **지방의회의원**

1. 지위

(1) 선출

지방의회의원은 주민이 보통·평등·직접·비밀선거로 선출한다(제38조). 지방의회의원의 임기는 4년이다(제39조). 선거일 현재 계속하여 60일 이상(공무로 외국에 파견되어 선거일 전 60일 후에 귀국한 자는 선거인명부작성기준일부터 계속하여 선거일까지) 해당 지방자치단체의 관할구역에 주민등록이 되어 있는 주민으로서 18세 이상의 국민은 그 지방의회의원의 피선거권이 있다(공직선거법 제16조제3항). 지방의원의 정수는 공직선거법에서 정하고 있는데, 시·도의회는 지역구 729명, 시·도별 자치구·시·군은 2,978명이다(「공직선거법」 별표 2·별표 3).

(2) 권리와 의무

지방의회의원에게는 의정활동비, 월정수당, 여비 등의 비용을 지급한다(제40조). 지방의회의원이 직무로 인하여 신체에 상해를 입거나 사망한 경우와 그 상해나 직무로 인한 질병으로 사망한 경우에는 보상금을 지급할 수 있다(제42조).

한편 지방의회의원은 법률이 정하는 일정한 직을 겸직할 수 없다(제43조). 지방의회의원의 의무에 관하여는 지방자치법 제44조에 규정되어 있다. 지방의회의원은 공공의 이익을 우선하여 양심에 따라 그 직무를 성실히 수행하여야 한다. 지방의회의원은 청렴의 의무를 지며, 지방의회의원으로서의 품위를 유지하여야 한다. 지방의회의원은 지위를 남용하여 재산상의 권리·이익 또는 직위를 취득하거나 다른 사람을 위하여 그 취득을 알선해서는 아니 된다. 지방의회의원은 해당 지방자치단체, 제43조제5항 각 호의 어느 하나에 해당하는 기관·단체 및 그 기관·단체가 설립·운영하는 시설과 영리를 목적으로 하는 거래를 하여서는 아니 된다. 지방의회의원은 소관 상임위원회의 직무와 관련된 영리행위를 할 수 없으며, 그 범위는 해당 지방자치단체의 조례로 정한다.

2. 의원의 의정활동에 대한 지원

(1) 지방의회의원에 대한 정책지원 전문인력 제공

1) 정책지원관 제도의 도입

지방자치법은 제41조에서 의원의 정책지원 전문인력 지원의 근거를 마련하였다. 즉, 지방의회의원의 의정활동을 지원하기 위하여 지방의회의원 정수[7]의 2분의 1 범위에서 해당 지방자치단체의 조례로 정하는 바에 따라 지방의회에 정책지원 전문인력을 둘 수 있도록 하였다(제41조제1항). 다만, 지방의회에 정책지원 전문인력을 두는 경우 그 규모는 2022년 12월 31일까지는 지방의회의원 정수의 4분의 1 범위에서, 2023년 12월 31일까지는 지방의회의원 정수의 2분의 1 범위에서 연차적으로 도입하도록 하였다(부칙 제6조).

2) 정책지원관의 지위

정책지원 전문인력은 지방공무원으로 보하며, 직급·직무 및 임용절차 등 운영에 필요한 사항은 대통령령으로 정하도록 하였다(제41조제2항). 정책지원전문인력의 명칭은 정책지원관으로 한다(지방자치법 시행령 제36조제3항). 정책지원관은 시·도의 경우에는 6급 이하로, 시·군·구의 경우에는 7급 이하로 일반직지방공무원으로 임명한다(「지방자치단체의 행정기구와 정원기준 등에 관한 규정」 제15조제5항). 이때 정책지원관을 임기제공무원으로 임명하는 경우에는 「지방공무원 임용령」 제3조의2제1호에 따른 일반임기제공무원[8]만으로 임명할 수 있다(「지방자치단체의 행정기구와 정원기준 등에 관한 규정」 제15조제6항).

---

7) 정책지원 전문인력의 정수는 지방의원의 수에 연동되는데, 현재 시·도의회의원은 지역구 690명, 자치구 및 시·군의회의원은 지역구 2,927명으로 정해져 있다(「공직선거법」 별표 2 및 별표 3).

8) 지방공무원법상 임기제공무원은 일반임기제공무원, 전문임기제공무원, 시간선택제임기제공무원, 한시임기제공무원으로 구분된다. 이 중 일반임기제공무원은 예산 및 일반직공무원의 정원 범위에서 임용되어 상근하는 임기제공무원을 말한다(「지방공무원 임용령」 제3조의2).

3) 정책지원관의 직무

정책지원관은 지방의회의원의 의정자료 수집·조사·연구, 지방자치법 제47조부터 제52조까지와 제83조에 관련된 의정활동을 지원한다(지방자치법 시행령 제36조제1항 참조). 지방자치법 제47조는 지방의회의 의결사항을 열거하고 있고, 제48조는 서류제출 요구를, 제49조는 행정사무 감사권 및 조사권을, 제50조는 행정사무 감사 또는 조사 보고의 처리를, 제51조는 행정사무처리상황의 보고와 질의응답을, 제52조는 의회규칙을, 그리고 제83조는 지방의회의 회의규칙을 각각 규정하고 있다. 정리하면, 정책지원관은 지방의회 의원의 권한에 속하는 업무의 대부분에 관하여 의정활동을 지원하는 역할을 담당하게 된다. 또한, 정책지원관의 직무범위와 관련된 세부사항은 제1항의 범위에서 조례로 정할 수 있다(지방자치법 시행령 제36조제2항). 이와 같이 정책지원관의 직무사항을 법령에 열거한 것은 개인보좌관화 방지를 위해 열거한 직무 외의 사적 사무 지원을 금지하기 위한 취지라고 한다.[9]

(2) 의원 보좌관 도입 문제

지방의원의 업무역량 강화를 위해서 유급보좌관 제도의 도입 필요성은 계속하여 제기되어 왔다.^{조성규} 다만, 대법원은 지속적으로 유급 보좌인력의 설치는 입법사항에 해당하므로 조례를 통하여는 유급 보좌인력을 설치할 수 없다고 판시해왔다.

대표적인 사례로, 서울특별시의회에서 유급 보좌관을 지방의회사무처 소속 공무원으로 두는 것을 내용으로 하는 조례안을 의결한 사안에서 "지방의회의원에 대하여 유급 보좌관을 두는 것은 지방의회의원을 명예직으로 한다고 한 위 규정에 위반되고, 나아가 조례로써 지방의회의원에 유급보좌관을 둘 경우에는 지방의회의원에 대하여 같은 법이 예정하고 있지 않는 전혀 새로운 항목의 비용을 변칙적으로 지출하는 것이고, 이는 결국 법령의 범위 안에서 그 사무에 관하여 조례를 제정하도록 한 같은 법 제15조의 규정에 위반된다."라고 하였다.[10] 또한, 부산광역시의회가 '상임(특별)위원회 행정업무보조 기간제근로자 42명에 대한 보수 예산안'을 포함한 2012년도 광역시 예산안을 재의결하여 확정한 사안에서 "지방의회에서 위 근로

---

9) 행정안전부 2021.8.27. 보도자료 참조.
10) 대법원 1996.12.10. 96추121 판결.

자를 두어 의정활동을 지원하는 것은 실질적으로 유급보좌인력을 두는 것과 마찬가지여서 개별 지방의회에서 정할 사항이 아니라 국회의 법률로 규정하여야 할 입법사항에 해당하는데, 지방자치법이나 다른 법령에 위 근로자를 지방의회에 둘 수 있는 법적 근거가 없으므로, 위 예산안 중 '상임(특별)위원회 운영 기간제근로자 등 보수' 부분은 법령 및 조례로 정하는 범위에서 지방자치단체의 경비를 산정하여 예산에 계상하도록 한「지방재정법」제36조제1항의 규정에 반한다"고 하였다.[11]

최근에는 서울특별시 인사위원회위원장이 시간선택제임기제공무원 40명을 '정책지원요원'으로 임용하여 지방의회 사무처에 소속시킨 후 상임위원회별 입법지원요원(입법조사관)에 대한 업무지원 업무를 담당하도록 한다는 내용의 채용공고를 하자, 행정자치부장관이 위 채용공고가 법령에 위반된다며 지방자치단체장에게 채용공고를 취소하라는 내용의 시정명령을 하였으나 이에 응하지 않자 채용공고를 직권으로 취소한 사안에서, "지방의회에 위 공무원을 두어 의정활동을 지원하게 하는 것은 지방의회의원에 대하여 전문위원이 아닌 유급 보좌 인력을 두는 것과 마찬가지로 보아야 하므로, 위 공무원의 임용은 개별 지방의회에서 정할 사항이 아니라 국회의 법률로써 규정하여야 할 입법사항에 해당하는데, 지방자치법은 물론 다른 법령에서도 위 공무원을 지방의회에 둘 수 있는 법적 근거를 찾을 수 없으므로, 위 공무원의 임용을 위한 채용공고는 위법하고, 이에 대한 직권취소처분이 적법하다"고 한 바 있다.[12]

(3) 정리

정책지원관 제도의 도입으로 지방의원에 대한 지원이 강화되는 측면은 매우 긍정적이라고 평가할 수 있다. 다만, 지방자치법과 동법 시행령은 정책지원관이 의원 개인의 보좌관처럼 활용되는 것을 막으려는 취지를 가지고 있는 것으로 보인다. 앞에서 살펴본 바와 같이 대법원은 지방의회의원에 대하여 유급 보좌인력을 두는 것은 국회의 법률로 규정하여야 할 입법사항으로 보아, 법률에 근거 없는 유급보좌인력 채용공고와 유급보좌인력에 대한 보수 예산안 의결을 위법하다고 판단한 바 있

---

11) 대법원 2013.1.16. 2012추84 판결.
12) 대법원 2017.3.30. 2016추5087 판결.

지만, 그러한 판결이 유급보좌관 제도 자체가 위법하다는 취지가 아님은 명백하다. 오히려, 지방의회와 지방의원이 위상에 맞는 역할을 수행하기 위해서는 유급보좌 인력의 지원이 필요하다는 견해도 상당히 설득력 있게 주장되고 있기 때문이다.[이승종]

 참고문헌

이승종 편, 지방자치의 쟁점, 박영사, 2014, 115쪽 이하(소순창 집필부분)

이진수, "지방자치법 전부개정에 따른 지방의회 역량강화 및 책임성 확보방안에 관한 연구", 지방자치법연구 제22권 제1호, 2022, 3~27쪽.

조성규, "조례에 의한 지방의원 유급보좌인력 도입의 허용성", 지방자치법연구 제17권 제4호, 2017, 359~392쪽.

제6장

주민의 자치행정에 대한 직접 참여

제1절 주민의 자치행정 참여

제1조(목적)

이 법은 지방자치단체의 종류와 조직 및 운영, 주민의 지방자치행정 참여에 관한 사항과 국가와 지방자치단체 사이의 기본적인 관계를 정함으로써 지방자치행정을 민주적이고 능률적으로 수행하고, 지방을 균형 있게 발전시키며, 대한민국을 민주적으로 발전시키려는 것을 목적으로 한다.

제4조(지방자치단체의 기관구성 형태의 특례)

① 지방자치단체의 의회(이하 "지방의회"라 한다)와 집행기관에 관한 이 법의 규정에도 불구하고 따로 법률로 정하는 바에 따라 지방자치단체의 장의 선임방법을 포함한 지방자치단체의 기관구성 형태를 달리 할 수 있다.

② 제1항에 따라 지방의회와 집행기관의 구성을 달리하려는 경우에는 「주민투표법」에 따른 주민투표를 거쳐야 한다.

제16조(주민의 자격)

지방자치단체의 구역에 주소를 가진 자는 그 지방자치단체의 주민이 된다.

제17조(주민의 권리)

① 주민은 법령으로 정하는 바에 따라 주민생활에 영향을 미치는 지방자치단체의 정책의 결정 및 집행 과정에 참여할 권리를 가진다.

② 주민은 법령으로 정하는 바에 따라 소속 지방자치단체의 재산과 공공시설을 이용할 권리와 그 지방자치단체로부터 균등하게 행정의 혜택을 받을 권리를 가진다.

③ 주민은 법령으로 정하는 바에 따라 그 지방자치단체에서 실시하는 지방의회의원과 지방자치단체의 장의 선거(이하 "지방선거"라 한다)에 참여할 권리를 가진다.

---

1. 지방자치법상 주민

(1) 의의

주민의 지위에 따른 권리 · 의무가 다양하고, 주민에 해당하는지에 따라 법적 지위가 상이하게 되기 때문에, 주민의 개념과 인정기준을 명확하게 하는 것이 필요하다. 지방자치단체의 구역 안에 주소를 가진 자는 그 지방자치단체의 주민이 된다. 지방자치법은 단순히 "구역안에 주소를 가진 자"라고 주민을 정의한다. 해석상 '주소를 가진 자'를 어떻게 보는가에 대해 입장이 나누어진다.

하나는 지방자치법에는 주소에 대한 별도의 규정이 없으므로 「민법」 제18조[1]에 따라 지방자치법 제12조의 '주소'를 '생활의 근거가 되는 곳'으로 해석하는 견해이다.^{구병삭 · 김동희 · 김철용 · 최우용 · 한견우} 지방자치단체의 구역 내에 주소가 있는 경우 인종, 국적, 성별, 연령, 행위능력 유무, 자연인, 법인 등을 가리지 않고 당연히 주민이 된다고 본다. 「주민등록법」에 따른 주민등록은 주민으로 인정되는 요건은 아니고, 단지 "주민의 거주관계를 파악하고 인구동태를 명확히 함으로써 적정한 행정사무를 수행할 수 있도록 하기 위한 절차에 그치는 것"으로 이해한다.

다른 하나는 「주민등록법」상의 주민등록을 기준으로 해야 한다는 견해이다.^{김남진 · 김연태 · 김유환 · 류지태 · 박종수 · 박균성 · 이기우 · 하승수 · 장태주 · 정하중 · 천병태 · 김민훈 · 홍정선 · 홍준형} 「주민등록법」 제23조제1항은 "다른 법률에 특별

---

1) 「민법」 제18조(주소)
  ① 생활의 근거되는 곳을 주소로 한다.
  ② 주소는 동시에 두 곳 이상 있을 수 있다.

한 규정이 없으면 이 법에 따른 주민등록지를 공법(公法) 관계에서의 주소로 한다"
고 규정하고 있고, 공법관계에서의 주소는 주민등록지가 되며 지방자치법 제12조의
주소의 의미는 주민등록지를 말한다고 한다.

(2) 주민의 권리

지방자치법상 주민에 해당하게 되면, 법령으로 정하는 바에 따라 주민 생활에 영
향을 미치는 지방자치단체의 정책의 결정 및 집행 과정에 참여할 권리를 가진다(제
17조제1항). 주민은 법령으로 정하는 바에 따라 소속 지방자치단체의 재산과 공공시
설을 이용할 권리와 그 지방자치단체로부터 균등하게 행정의 혜택을 받을 권리를
가진다(제17조제2항). 그리고 주민은 법령으로 정하는 바에 따라 그 지방자치단체에
서 실시하는 지방의회의원과 지방자치단체의 장의 선거에 참여할 권리를 가진다
(제17조제3항).

한편, 지방자치단체는 사무처리의 투명성을 높이기 위하여 「공공기관의 정보공
개에 관한 법률」에서 정하는 바에 따라 지방의회의 의정활동, 집행기관의 조직, 재
무 등 지방자치에 관한 정보를 주민에게 공개하여야 한다(제26조제1항). 행정안전부
장관은 주민의 지방자치정보에 대한 접근성을 높이기 위하여 이 법 또는 다른 법
령에 따라 공개된 지방자치정보를 체계적으로 수집하고 주민에게 제공하기 위한
정보공개시스템을 구축·운영할 수 있다(제26조제2항).

2. 자치행정에 대한 직접 참여

(1) 주민의 정책 참여

국가 또는 지방자치단체의 정책 과정에서 국민 또는 주민이 직접 참여하는 것은 대
의민주주의(representative democracy)의 한계를 극복하고 행정의 책임성(accountability)
을 확보하기 위한 노력의 하나라고 할 수 있다. 원래 대의제 민주주의 국가에서는
국민 또는 주민은 선거를 통하여 정치과정에 참여하는 것이 원칙이다. 그러나 이러
한 선거를 통한 참여는 책임성 확보에 한계가 있다. 이러한 한계를 극복하기 위한
대안의 하나로 '참여'(participation) 또는 '시민참여'(citizen participation)가 강조되어

왔다.^{The Oxford Handbook of Public Accountability} 정치학 분야에서는 '참여 민주주의'(participatory democracy)가 주로 논의되었다. 정책 분야에서는 그동안 정책 과정의 공식적 참여자로 의회, 대통령, 행정기관, 사법부 등이 논의되었고, 비공식적 참여자로 정당, 이익집단과 함께 NGO, 언론, 정책전문가, 싱크 탱크(think tank), 일반시민 등이 논의되고 있다.^{정정길 외} 일반시민들이 정책 과정에 참여할 수 있는 방식은 아래 표와 같다.

표 1 정책 과정에서 일반시민의 참여 방식

정책 의제 설정	정책 결정	정책집행	정책평가
지역회합, 포럼, 홍보, 입법청원, 시위 등	직접투표, 선거, 공직자 접촉, 공청회 등	공직자 접촉, 민원, 청원, 진정 등	선거 등
온라인 참여			

최근 정보화, 디지털화 상황에서 시민참여는 종래와는 다른 국면을 맞게 되었다고 할 수 있다. 전통적 방식으로는 개인이 국가의 정책 과정에 영향을 미치는 데에는 시간적·공간적·물리적 한계가 크다고 할 수 있지만, 디지털화가 진행되면서 이러한 물리적 한계를 극복하고 디지털 환경을 활용한 보다 적극적이고 능동적인 참여가 가능한 상황이 되어가고 있다. 디지털 환경의 발전으로 인하여, 국민은 시간적, 공간적 제약으로부터 자유롭게 내용과 형식에 구애받지 않는 정책 참여를 할 수 있게 되고, 개인의 의견을 누구나 볼 수 있고 공유할 수 있는 환경이 만들어져 가고 있다.

「지방자치분권 및 지방행정체제개편에 관한 특별법」 제15조에서는 주민참여의 확대라는 표제로 주민참여를 활성화하기 위하여 주민투표제도·주민소환제도·주민소송제도·주민발의제도를 보완하는 등 주민직접참여제도를 강화하여야 한다고 규정하고 있다(제1항). 그리고 국가 및 지방자치단체는 주민의 자원봉사활동 등을 장려하고 지원함으로써 주민의 참여 의식을 높일 수 있는 방안을 마련하여야 한다(제2항).

최근 주민이 자치행정에 직접 참여하기 위한 수단으로, 주민총회 또는 주민자치회 등의 제도가 논의되고 있다. 이하에서는 주민자치회에 관하여 살펴본다.

(2) 주민자치회

제27조(주민자치회의 설치)

풀뿌리자치의 활성화와 민주적 참여의식 고양을 위하여 읍·면·동에 해당 행정구역의 주민으로 구성되는 주민자치회를 둘 수 있다.

제28조(주민자치회의 기능)

① 제27조에 따라 주민자치회가 설치되는 경우 관계 법령, 조례 또는 규칙으로 정하는 바에 따라 지방자치단체 사무의 일부를 주민자치회에 위임 또는 위탁할 수 있다.

② 주민자치회는 다음 각 호의 업무를 수행한다.

1. 주민자치회 구역 내의 주민화합 및 발전을 위한 사항

2. 지방자치단체가 위임 또는 위탁하는 사무의 처리에 관한 사항

3. 그 밖에 관계 법령, 조례 또는 규칙으로 위임 또는 위탁한 사항

제29조(주민자치회의 구성 등)

① 주민자치회의 위원은 조례로 정하는 바에 따라 지방자치단체의 장이 위촉한다.

② 제1항에 따라 위촉된 위원은 그 직무를 수행할 때에는 지역사회에 대한 봉사자로서 정치적 중립을 지켜야하며 권한을 남용하여서는 아니 된다.

③ 주민자치회의 설치 시기, 구성, 재정 등 주민자치회의 설치 및 운영에 필요한 사항은 따로 법률로 정한다.

④ 행정안전부장관은 주민자치회의 설치 및 운영에 참고하기 위하여 주민자치회를 시범적으로 설치·운영할 수 있으며, 이를 위한 행정적·재정적 지원을 할 수 있다.

「지방자치분권 및 지방행정체제개편에 관한 특별법」은 풀뿌리 자치의 활성화와 민주적 참여의식 고양을 위하여 읍·면·동에 해당 행정구역의 주민으로 구성되는 주민자치회를 둘 수 있다고 규정하고 있다(제27조). 주민자치회가 설치되는 경우 관계 법령, 조례 또는 규칙으로 정하는 바에 따라 지방자치단체 사무의 일부를 주민자치회에 위임 또는 위탁할 수 있다(지방분권법 제28조제1항). 주민자치회는 주민자치회 구역 내의 주민화합 및 발전을 위한 사항, 지방자치단체가 위임 또는 위탁하는 사무의 처리에 관한 사항, 그 밖에 관계 법령, 조례 또는 규칙으로 위임 또는 위탁한 사항에 관한 업무를 수행한다(지방분권법 제28조제2항).

주민자치회의 위원은 조례로 정하는 바에 따라 지방자치단체의 장이 위촉한다 (지방분권법 제29조제1항). 지방자치단체장에 의하여 주민자치회의 위원으로 위촉된 사람은 그 직무를 수행할 때에는 지역사회에 대한 봉사자로서 정치적 중립을 지켜야 하며 권한을 남용하여서는 아니 된다(지방분권법 제29조제2항).

주민자치회의 설치 시기, 구성, 재정 등 주민자치회의 설치 및 운영에 필요한 사항은 따로 법률로 정한다(지방분권법 제29조제3항). 다만, 아직 이에 관한 법률은 제정되지 않고 있다.

행정안전부장관은 주민자치회의 설치 및 운영에 참고하기 위하여 주민자치회를 시범적으로 설치·운영할 수 있으며, 이를 위한 행정적·재정적 지원을 할 수 있다 (지방분권법 제29조제4항). 현재도 주민자치회는 시범 운영 중이다. 2021년 12월 기준으로 주민자치회는 1,013개 읍면동, 136개 시군구, 16개 시도에서 시범적으로 실시되고 있다.

제주특별자치도의 경우에는 「제주특별자치도 설치 및 국제자유도시 조성을 위한 특별법」 제45조를 근거로 하여 주민자치회가 운영되고 있다.

제주특별자치도 설치 및 국제자유도시 조성을 위한 특별법

제45조(주민자치센터의 설치·운영 등)
① 읍·면·동에는 다음 각 호의 사항을 처리하기 위하여 주민자치센터를 설치한다.
1. 주민의 편의와 복지 증진에 관한 사항
2. 주민자치의 강화에 관한 사항
3. 지역공동체의 형성에 관한 사항
② 주민자치센터의 운영에 관한 사항을 심의하기 위하여 주민자치센터 관할구역별로 주민자치위원회를 두되, 각계각층의 주민대표가 고르게 참여하여야 한다.
③ 도지사는 주민자치의 확대 및 효율적인 행정운영을 위하여 다음 각 호에 대하여 운영경비의 일부를 지원할 수 있다.

제주특별자치도의 읍·면·동에는 주민의 편의와 복지 증진에 관한 사항, 주민자치의 강화에 관한 사항 및 지역공동체의 형성에 관한 사항을 처리하기 위하여 주민자치센터를 설치한다. 주민자치센터의 운영에 관한 사항을 심의하기 위하여 주

민자치센터 관할구역별로 주민자치위원회를 두되, 각계각층의 주민대표가 고르게 참여하여야 한다.

(3) 지방재정법상의 주민참여예산제도

지방재정법

제39조(지방예산 편성 등 예산과정의 주민 참여)
① 지방자치단체의 장은 대통령령으로 정하는 바에 따라 지방예산 편성 등 예산과정(지방자치법 제39조에 따른 지방의회의 의결사항은 제외한다. 이하 이 조에서 같다)에 주민이 참여할 수 있는 제도(이하 이 조에서 "주민참여예산제도"라 한다)를 마련하여 시행하여야 한다.
② 지방예산 편성 등 예산과정의 주민 참여와 관련되는 다음 각 호의 사항을 심의하기 위하여 지방자치단체의 장 소속으로 주민참여예산위원회 등 주민참여예산기구(이하 "주민참여예산기구"라 한다)를 둘 수 있다.
 1. 주민참여예산제도의 운영에 관한 사항
 2. 제3항에 따라 지방의회에 제출하는 예산안에 첨부하여야 하는 의견서의 내용에 관한 사항
 3. 그 밖에 지방자치단체의 장이 주민참여예산제도의 운영에 필요하다고 인정하는 사항
③ 지방자치단체의 장은 주민참여예산제도를 통하여 수렴한 주민의 의견서를 지방의회에 제출하는 예산안에 첨부하여야 한다.
④ 행정안전부장관은 지방자치단체의 재정적·지역적 여건 등을 고려하여 대통령령으로 정하는 바에 따라 지방자치단체별 주민참여예산제도의 운영에 대하여 평가를 실시할 수 있다.
⑤ 주민참여예산기구의 구성·운영과 그 밖에 필요한 사항은 해당 지방자치단체의 조례로 정한다.

그동안 참여에 관한 논의는 주로 '예산 과정'에 집중되었다고 할 수 있다. '참여예산제'(participatory budgeting) 또는 참여예산절차(participatory budget process)에 관한 논의가 한때 활발하였고, 주로 브라질, 칠레 등 남미 국가 중심으로 우수사례들이 소개되기도 하였다.[2] 참여예산 제도의 대표적 사례로 꼽히는 것은 브라질의 알

레그리시(Porto Alegre)의 참여예산제도이다. 동 제도는 브라질 노동자당에 의해 1989년에 도입되었는데, 시민들의 포럼에 의한 숙의적 절차를 통하여 지방자치단체의 예산 결정에 참여하는 것이다.[3] 우리나라에도 2011년부터 주민참여예산제도가 도입되어 시행되고 있다(「지방재정법」 제39조). 한편, 제주특별자치도, 세종특별자치시는 개별 법률을 통하여 주민참여예산제를 별도로 규정하고 있다. 아직 시행 전인 전라북도와 강원도 특별자치도 법률에도 별도로 주민참여예산제를 규정하고 있다.

지방자치단체의 장은 대통령령으로 정하는 바에 따라 지방예산 편성 등 예산과정(지방자치법 제47조에 따른 지방의회의 의결사항은 제외)에 주민이 참여할 수 있는 제도, 즉 주민참여예산제도를 마련하여 시행하여야 한다. 「지방재정법」 시행령 제46조에서는 주민참여예산제를 구체적으로 규정하고 있다.

먼저, 지방예산 편성 등 예산과정에 주민이 참여할 수 있는 방법으로 공청회 또는 간담회, 설문조사, 사업공모, 그 밖에 주민의견 수렴에 적합하다고 인정하여 조례로 정하는 방법을 규정한다(「지방재정법」 제46조제1항). 이와 같은 방법으로 주민의견이 수렴되면, 지방자치단체의 장은 수렴된 주민의견을 검토하고 그 결과를 예산과정에 반영할 수 있다(제46조제2항). 지방자치단체의 장은 주민참여예산제도를 통하여 수렴한 주민의 의견서를 지방의회에 제출하는 예산안에 첨부하여야 한다(「지방재정법」 제39조제3항).

지방예산 편성 등 예산과정의 주민 참여와 관련되는 사항, 즉, 주민참여예산제도의 운영에 관한 사항, 주민참여예산제도를 통하여 수렴한 주민의 의견서를 지방의회에 제출하는 예산안에 첨부하여야 하는 경우에 그 의견서의 내용에 관한 사항, 그 밖에 지방자치단체의 장이 주민참여예산제도의 운영에 필요하다고 인정하는 사항을 심의하기 위하여 지방자치단체의 장 소속으로 주민참여예산위원회 등 주민참여예산기구를 둘 수 있다(「지방재정법」 제39조제2항).

행정안전부장관은 지방자치단체의 재정적·지역적 여건 등을 고려하여 대통령령으로 정하는 바에 따라 지방자치단체별 주민참여예산제도의 운영에 대하여 평가를 실시할 수 있다(제39조제4항). 행정안전부장관은 법 제39조제4항에 따라 주민참여예

---

2) The Oxford Handbook of Civil Society, Oxford University Press, p.126.

3) The Oxford Handbook of Governance, Oxford University Press, pp.464–466.

산기구의 구성 여부 및 운영의 활성화 정도, 예산과정에의 실질적인 주민참여 범위 및 수준, 주민참여예산제도의 홍보 및 교육 등 지원, 그 밖에 행정안전부장관이 주민참여예산제도의 운영에 대한 평가를 위하여 필요하다고 인정하는 사항 등의 항목에 대해서 지방자치단체를 대상으로 제39조제1항에 따른 주민참여예산제도의 운영에 대한 평가를 매년 실시할 수 있다.

주민참여예산기구의 구성·운영과 그 밖에 필요한 사항은 해당 지방자치단체의 조례로 정한다.

📑 참고문헌

이진수, "「지방자치법」상 '주민'(住民)의 개념 －지방자치법 제138조의 분담금 부과·징수 대상이 되는 주민 개념과 관련하여－", 행정법연구 제56호, 2019, 257~280쪽.

정정길 외, 정책학원론, 대명출판사, 2020, 215~216쪽.

The Oxford Handbook of Civil Society, Oxford University Press, 2014.

The Oxford Handbook of Public Accountability, Oxford University Press, 2014.

제2절 **주민투표**

> **제18조(주민투표)**
> ① 지방자치단체의 장은 주민에게 과도한 부담을 주거나 중대한 영향을 미치는 지방자치단
> 체의 주요 결정사항 등에 대하여 주민투표에 부칠 수 있다.
> ② 주민투표의 대상·발의자·발의요건, 그 밖에 투표절차 등에 관한 사항은 따로 법률로
> 정한다.

1. 주민투표권

지방자치단체의 장은 주민에게 과도한 부담을 주거나 중대한 영향을 미치는 지방자치단체의 주요 결정사항 등에 대하여 주민투표에 부칠 수 있다. 주민투표의 대상·발의자·발의요건, 그 밖에 투표절차 등에 관한 사항은 「주민투표법」으로 따로 정한다. 주민투표법은 지방자치단체의 주요결정사항에 관한 주민의 직접참여를 보장하기 위하여 주민투표의 대상·발의자·발의요건·투표절차 등에 관한 사항을 규정함으로써 지방자치행정의 민주성과 책임성을 제고하고 주민복리를 증진함을 목적으로 한다(「주민투표법」 제1조).

18세 이상의 주민 중 투표인명부 작성기준일(투표일 전 22일을 말한다) 현재 1. 그 지방자치단체의 관할 구역에 주민등록이 되어 있는 사람, 2. 출입국관리 관계 법령에 따라 대한민국에 계속 거주할 수 있는 자격(체류자격변경허가 또는 체류기간연장허가를 통하여 계속 거주할 수 있는 경우를 포함한다)을 갖춘 외국인으로서 지방자치단체의 조례로 정한 사람 중 어느 하나에 해당하는 사람에게는 주민투표권이 있다. 다만, 「공직선거법」 제18조에 따라 선거권이 없는 사람에게는 주민투표권이 없다(「주민투표법」 제5조).

한편, 주민의 주민투표권은 헌법이 보장하는 기본권 또는 헌법상 제도적으로 보장되는 주관적 공권으로 볼 수 없고, 법률이 보장하는 권리라는 것이 헌법재판소의 입장이다.[4]

2. 주민투표의 대상 및 실시

지방자치법은 '주민에게 과도한 부담을 주거나 중대한 영향을 미치는 지방자치단체의 주요 결정사항'이라고 하고 있지만 이를 구체화한 「주민투표법」 제7조제1항은 그러한 사항 중 '그 지방자치단체의 조례'로 정하는 사항이라고 하고 있었다. 2022년 4월 26일 개정(2023년 4월 27일 시행)된 「주민투표법」은 해당 부분을 삭제하였다. 따라서 조례로 정하지 않은 사항에 대해서도 주민에게 과도한 부담을 주거나 중대한 영향을 미치는 지방자치단체의 주요 결정 사항에 대해 주민투표가 가능하게 되었다. 주민자치적 요소가 강화된 개정 지방자치법의 취지와 관련성을 엿볼 수 있다. 하지만 「주민투표법」 제7조제2항에서 여전히 광범위한 주민투표 금지사항을 정하고 있다. 대법원은 '주민에게 과도한 부담을 주거나 중대한 영향을 미치는 지방자치단체의 주요 결정사항'의 취지에 대해 지방자치단체의 장이 권한을 가지고 결정할 수 있는 사항에 대하여 주민투표에 붙여 주민의 의사를 물어 행정에 반영하려는 데에 있다고 한 바 있다.[5]

(1) 주민투표의 대상

1) 주민에게 과도한 부담을 주거나 중대한 영향을 미치는 주요결정사항

주민에게 과도한 부담을 주거나 중대한 영향을 미치는 지방자치단체의 주요결정사항은 주민투표에 부칠 수 있다(「주민투표법」 제7조제1항). 다만, 1. 법령에 위반되거나 재판중인 사항, 2. 국가 또는 다른 지방자치단체의 권한 또는 사무에 속하는 사항, 3. 지방자치단체가 수행하는 예산 편성·의결 및 집행 또는 회계·계약 및 재산관리 중 어느 하나에 해당하는 사무의 처리에 관한 사항, 3의2. 지방세·사용료·수수료·분담금 등 각종 공과금의 부과 또는 감면에 관한 사항, 4. 행정기구의 설치·변경

---

4) 헌법재판소 2005.12.22. 2004헌마530 전원재판부(우리 헌법은 법률이 정하는 바에 따른 '선거권'과 '공무담임권' 및 국가안위에 관한 중요정책과 헌법개정에 대한 '국민투표권'만을 헌법상의 참정권으로 보장하고 있으므로, 지방자치법 제13조의2에서 규정한 주민투표권은 그 성질상 선거권, 공무담임권, 국민투표권과 전혀 다른 것이어서 이를 법률이 보장하는 참정권이라고 할 수 있을지언정 헌법이 보장하는 참정권이라고 할 수는 없다).

5) 대법원 2002.4.26. 2002추23 판결(미군 부대 이전은 지방자치단체의 장의 권한에 의하여 결정할 수 있는 사항이 아님이 명백하므로 지방자치법의 주민투표의 대상이 될 수 없다).

에 관한 사항과 공무원의 인사·정원 등 신분과 보수에 관한 사항, 5. 다른 법률에 의하여 주민대표가 직접 의사결정주체로서 참여할 수 있는 공공시설의 설치에 관한 사항(다만, 제9조제5항의 규정에 의하여 지방의회가 주민투표의 실시를 청구하는 경우에는 그러하지 아니하다), 동일한 사항(그 사항과 취지가 동일한 경우를 포함한다)에 대하여 주민투표가 실시된 후 2년이 경과되지 아니한 사항 중 어느 하나에 해당하는 사항은 주민투표의 대상에서 제외된다(「주민투표법」 제7조제2항).

2) 국가정책에 관한 사항

중앙행정기관의 장은 지방자치단체를 폐지하거나 설치하거나 나누거나 합치는 경우 또는 지방자치단체의 구역을 변경하거나 주요시설을 설치하는 등 국가정책의 수립에 관하여 주민의 의견을 듣기 위하여 필요하다고 인정하는 때에는 주민투표의 실시구역을 정하여 관계 지방자치단체의 장에게 주민투표의 실시를 요구할 수 있다. 이 경우 중앙행정기관의 장은 미리 행정안전부장관과 협의하여야 한다(「주민투표법」 제8조제1항). 지방자치단체의 장은 국가정책에 관한 주민투표의 실시를 요구받은 때에는 지체없이 이를 공표하여야 하며, 공표일부터 30일 이내에 그 지방의회의 의견을 들어야 한다(「주민투표법」 제8조제2항). 지방의회의 의견을 들은 지방자치단체의 장은 그 결과를 관계 중앙행정기관의 장에게 통지하여야 한다(「주민투표법」 제8조제3항).

(2) 주민투표의 실시

주민투표법

제9조(주민투표의 실시요건)
① 지방자치단체의 장은 다음 각 호의 어느 하나에 해당하는 경우에는 주민투표를 실시할 수 있다. 이 경우 제1호 또는 제2호에 해당하는 경우에는 주민투표를 실시하여야 한다.
1. 주민이 제2항에 따라 주민투표의 실시를 청구하는 경우
2. 지방의회가 제5항에 따라 주민투표의 실시를 청구하는 경우
3. 지방자치단체의 장이 주민의 의견을 듣기 위하여 필요하다고 판단하는 경우

② 18세 이상 주민 중 제5조제1항 각 호의 어느 하나에 해당하는 사람(같은 항 각 호 외의 부분 단서에 따라 주민투표권이 없는 사람은 제외한다. 이하 "주민투표청구권자"라 한다)은 주민투표청구권자 총수의 20분의 1 이상 5분의 1 이하의 범위에서 지방자치단체의 조례로 정하는 수 이상의 서명으로 그 지방자치단체의 장에게 주민투표의 실시를 청구할 수 있다.

1. 삭제

2. 삭제

③ 주민투표청구권자 총수는 전년도 12월 31일 현재의 주민등록표 및 외국인등록표에 따라 산정한다.

④ 지방자치단체의 장은 매년 1월 10일까지 제3항의 규정에 의하여 산정한 주민투표청구권자 총수를 공표하여야 한다.

⑤ 지방의회는 재적의원 과반수의 출석과 출석의원 3분의 2 이상의 찬성으로 그 지방자치단체의 장에게 주민투표의 실시를 청구할 수 있다.

⑥ 지방자치단체의 장은 직권에 의하여 주민투표를 실시하고자 하는 때에는 그 지방의회 재적의원 과반수의 출석과 출석의원 과반수의 동의를 얻어야 한다.

2021년 12월 31일 기준[6]이지만 주민투표가 실시 건수가 12건이다. 2004년에 「주민투표법」이 제정되었고, 2000년대 이후 지방자치의 성장과 전반적인 주민들의 주권의식이 높아진 점을 고려해보면 다소 의외의 결과라 할 수 있다. 주민투표의 의미와 법제도 사이에 일정한 틈새나 오류가 있음을 유추해 볼 수 있다.[이기우]

(3) 주민투표의 결과

주민투표에 부쳐진 사항은 투표권자 총수의 1/4 이상의 투표와 유효투표수 과반수의 득표로 확정된다(「주민투표법」 제24조제1항). 다만, 전체 투표수가 주민투표권자 총수의 4분의 1에 미달되는 경우 또는 주민투표에 부쳐진 사항에 관한 유효득표수가 동수인 경우에는 찬성과 반대 양자를 모두 수용하지 아니하거나, 양자택일 대상사항 모두를 선택하지 아니하기로 확정된 것으로 본다(「주민투표법」 제24조제2

---

6) 행정안전부 지방자치분권실 주민투표현황(2021.12.31.) https://www.mois.go.kr/frt/bbs/type001/commonSelectBoardArticle.do?bbsId=BBSMSTR_000000000050&nttId=90750

항). 지방자치단체의 장 및 지방의회는 주민투표결과 확정된 내용대로 행정·재정 상의 필요한 조치를 하여야 한다(「주민투표법」 제24조제5항). 지방자치단체의 장 및 지방의회는 주민투표결과 확정된 사항에 대하여 2년 이내에는 이를 변경하거나 새로운 결정을 할 수 없다. 다만, 제1항 단서의 규정에 의하여 찬성과 반대 양자를 모두 수용하지 아니하거나 양자택일의 대상이 되는 사항 모두를 선택하지 아니하기로 확정된 때에는 그러하지 아니하다(「주민투표법」 제24조제6항).

(4) 주민투표쟁송

주민투표의 효력에 관하여 이의가 있는 주민투표권자는 주민투표권자 총수의 100분의 1 이상의 서명으로 주민투표결과가 공표된 날부터 14일 이내에 관할선거관리위원회 위원장을 피소청인으로 하여 시·군·구의 경우에는 시·도선거관리위원회에, 시·도의 경우에는 중앙선거관리위원회에 소청할 수 있다(「주민투표법」 제25조제1항). 소청인은 소청에 대한 결정에 불복하려는 경우 관할선거관리위원회위원장을 피고로 하여 그 결정서를 받은 날(결정서를 받지 못한 때에는 결정기간이 종료된 날을 말한다)부터 10일 이내에 시·도의 경우에는 대법원에, 시·군·구의 경우에는 관할 고등법원에 소를 제기할 수 있다(「주민투표법」 제25조제2항). 다만, 제8조에 따른 국가정책에 대한 주민투표에는 주민투표쟁송이 인정되지 않는다(「주민투표법」 제8조제4항).

 참고문헌

양영철, 주민투표제도론 －이론과 사례연구－, 대영문화사, 2007, 54~69쪽.

이기우, "주민투표법 개정안의 문제점과 보완방법", 「한국지방자치학회보」 제31권 제3호, 한국지방자치학회, 2019.9., 176~177쪽.

하혜수, 지방분권 오디세에이, 박영사, 2020, 359쪽.

행정안전부 지방자치분권실 주민투표현황(2021.12.31.) https://www.mois.go.kr/frt/bbs/type001/commonSelectBoardArticle.do?bbsId＝BBSMSTR_000000000050&nttId＝90750

제3절   **조례의 제정·개정·폐지 청구**

제19조(조례의 제정과 개정·폐지 청구)
① 주민은 지방자치단체의 조례를 제정하거나 개정하거나 폐지할 것을 청구할 수 있다.
② 조례의 제정·개정 또는 폐지 청구의 청구권자·청구대상·청구요건 및 절차 등에 관한 사항은 따로 법률로 정한다.

제20조(규칙의 제정과 개정·폐지 의견 제출)
① 주민은 제29조에 따른 규칙(권리·의무와 직접 관련되는 사항으로 한정한다)의 제정, 개정 또는 폐지와 관련된 의견을 해당 지방자치단체의 장에게 제출할 수 있다.
② 법령이나 조례를 위반하거나 법령이나 조례에서 위임한 범위를 벗어나는 사항은 제1항에 따른 의견 제출 대상에서 제외한다.
③ 지방자치단체의 장은 제1항에 따라 제출된 의견에 대하여 의견이 제출된 날부터 30일 이내에 검토 결과를 그 의견을 제출한 주민에게 통보하여야 한다.
④ 제1항에 따른 의견 제출, 제3항에 따른 의견의 검토와 결과 통보의 방법 및 절차는 해당 지방자치단체의 조례로 정한다.

1. 조례 제정 및 개폐청구

주민은 지방자치단체의 조례를 제정하거나 개정하거나 폐지할 것을 청구할 수 있다. 조례의 제정·개정 또는 폐지 청구의 청구권자·청구대상·청구요건 및 절차 등에 관한 사항은 따로 법률로 정한다(지방자치법 제19조). 이에 따라 주민의 조례 제정과 개정·폐지 청구에 필요한 사항을 규정함으로써 주민의 직접참여를 보장하고 지방자치행정의 민주성과 책임성을 제고함을 목적으로 「주민조례발안에 관한 법률」이 2022년 1월에 시행되었다. 다음에서는 위 법률의 주요사항을 간략하게 소개하기로 한다.[7]

---

7) 이하 괄호의 표기된 법률 조항은 「주민조례발안에 관한 법률」의 것을 말한다.

(1) 청구권자

주민조례청구권자는 18세 이상의 주민으로서 해당 지방자치단체의 관할 구역에 주민등록이 되어 있는 사람이거나 「출입국관리법」 제10조에 따른 영주(永住)할 수 있는 체류자격 취득일 후 3년이 지난 외국인으로서 같은 법 제34조에 따라 해당 지방자치단체의 외국인등록대장에 올라 있는 사람에게는 주민조례청구권이 인정된다. 다만, 주민등록이 되어 있는 18세 이상의 주민이라고 하더라도 「공직선거법」 제18조에 따른 선거권이 없는 사람은 제외한다(제2조).

(2) 대상

조례의 규율대상에 해당하는 사항은 원칙적으로 조례청구권의 대상이 될 수 있다. 다만, 「주민조례발안에 관한 법률」 제4조에서는 주민조례청구 제외 대상을 규정하고 있다. 여기에는 법령을 위반하는 사항, 지방세·사용료·수수료·부담금을 부과·징수 또는 감면하는 사항, 행정기구를 설치하거나 변경하는 사항, 공공시설의 설치를 반대하는 사항 등이 포함된다.

(3) 청구요건

주민조례청구는 일정 수 이상의 주민의 청구로 행사할 수 있다. 주민조례청구권자가 주민조례청구를 하려는 경우에는 다음 각 호의 구분에 따른 기준 이내에서 해당 지방자치단체의 조례로 정하는 청구권자 수 이상이 연대 서명하여야 한다(제5조).

1. 특별시 및 인구 800만 이상의 광역시·도: 청구권자 총수의 200분의 1
2. 인구 800만 미만의 광역시·도, 특별자치시, 특별자치도 및 인구 100만 이상의 시: 청구권자 총수의 150분의 1
3. 인구 50만 이상 100만 미만의 시·군 및 자치구: 청구권자 총수의 100분의 1
4. 인구 10만 이상 50만 미만의 시·군 및 자치구: 청구권자 총수의 70분의 1
5. 인구 5만 이상 10만 미만의 시·군 및 자치구: 청구권자 총수의 50분의 1
6. 인구 5만 미만의 시·군 및 자치구: 청구권자 총수의 20분의 1

(4) 주민청구조례안에 대한 심사

지방의회는 주민청구조례안이 수리된 날부터 1년 이내에 주민청구조례안을 의결하여야 한다. 다만, 필요한 경우에는 본회의 의결로 1년 이내의 범위에서 한 차례만 그 기간을 연장할 수 있다(제13조제1항).

2. 규칙의 제정과 개정·폐지 의견 제출권

주민은 권리·의무와 직접 관련되는 사항에 관한 자치입법으로서의 규칙의 제정, 개정 또는 폐지와 관련된 의견을 해당 지방자치단체의 장에게 제출할 수 있다. 다만, 법령이나 조례를 위반하거나 법령이나 조례에서 위임한 범위를 벗어나는 사항은 제1항에 따른 의견 제출 대상에서 제외한다. 지방자치단체의 장은 제출된 의견에 대하여 의견이 제출된 날부터 30일 이내에 검토 결과를 그 의견을 제출한 주민에게 통보하여야 한다. 규칙의 제정, 개정, 폐지에 관한 의견의 제출, 의견의 검토와 결과 통보의 방법 및 절차는 해당 지방자치단체의 조례로 정한다(지방자치법 제20조).

제4절 주민감사청구

제21조(주민의 감사 청구)

① 지방자치단체의 18세 이상의 주민으로서 다음 각 호의 어느 하나에 해당하는 사람(「공직선거법」 제18조에 따른 선거권이 없는 사람은 제외한다. 이하 이 조에서 "18세 이상의 주민"이라 한다)은 시·도는 300명, 제198조에 따른 인구 50만 이상 대도시는 200명, 그 밖의 시·군 및 자치구는 150명 이내에서 그 지방자치단체의 조례로 정하는 수 이상의 18세 이상의 주민이 연대 서명하여 그 지방자치단체와 그 장의 권한에 속하는 사무의 처리가 법령에 위반되거나 공익을 현저히 해친다고 인정되면 시·도의 경우에는 주무부장관에게, 시·군 및 자치구의 경우에는 시·도지사에게 감사를 청구할 수 있다.

  1. 해당 지방자치단체의 관할 구역에 주민등록이 되어 있는 사람
  2. 「출입국관리법」 제10조에 따른 영주(永住)할 수 있는 체류자격 취득일 후 3년이 경과한 외국인으로서 같은 법 제34조에 따라 해당 지방자치단체의 외국인등록대장에 올라 있는 사람

② 다음 각 호의 사항은 감사 청구의 대상에서 제외한다.

  1. 수사나 재판에 관여하게 되는 사항
  2. 개인의 사생활을 침해할 우려가 있는 사항
  3. 다른 기관에서 감사하였거나 감사 중인 사항. 다만, 다른 기관에서 감사한 사항이라도 새로운 사항이 발견되거나 중요 사항이 감사에서 누락된 경우와 제22조제1항에 따라 주민소송의 대상이 되는 경우에는 그러하지 아니하다.
  4. 동일한 사항에 대하여 제22조제2항 각 호의 어느 하나에 해당하는 소송이 진행 중이거나 판결이 확정된 사항

③ 제1항에 따른 청구는 사무처리가 있었던 날이나 끝난 날부터 3년이 지나면 제기할 수 없다.

④ 지방자치단체의 18세 이상의 주민이 제1항에 따라 감사를 청구하려면 청구인의 대표자를 선정하여 청구인명부에 적어야 하며, 청구인의 대표자는 감사청구서를 작성하여 주무부장관 또는 시·도지사에게 제출하여야 한다.

⑤ 주무부장관이나 시·도지사는 제1항에 따른 청구를 받으면 청구를 받은 날부터 5일 이내에 그 내용을 공표하여야 하며, 청구를 공표한 날부터 10일간 청구인명부나 그 사본을

공개된 장소에 갖추어 두어 열람할 수 있도록 하여야 한다.

⑥ 청구인명부의 서명에 관하여 이의가 있는 사람은 제5항에 따른 열람기간에 해당 주무부
장관이나 시·도지사에게 이의를 신청할 수 있다.

⑦ 주무부장관이나 시·도지사는 제6항에 따른 이의신청을 받으면 제5항에 따른 열람기간
이 끝난 날부터 14일 이내에 심사·결정하되, 그 신청이 이유 있다고 결정한 경우에는 청
구인명부를 수정하고, 그 사실을 이의신청을 한 사람과 제4항에 따른 청구인의 대표자에게
알려야 하며, 그 이의신청이 이유 없다고 결정한 경우에는 그 사실을 즉시 이의신청을 한
사람에게 알려야 한다.

⑧ 주무부장관이나 시·도지사는 제6항에 따른 이의신청이 없는 경우 또는 제6항에 따라
제기된 모든 이의신청에 대하여 제7항에 따른 결정이 끝난 경우로서 제1항부터 제3항까지
의 규정에 따른 요건을 갖춘 경우에는 청구를 수리하고, 그러하지 아니한 경우에는 청구를
각하하되, 수리 또는 각하 사실을 청구인의 대표자에게 알려야 한다.

⑨ 주무부장관이나 시·도지사는 감사 청구를 수리한 날부터 60일 이내에 감사 청구된 사
항에 대하여 감사를 끝내야 하며, 감사 결과를 청구인의 대표자와 해당 지방자치단체의 장
에게 서면으로 알리고, 공표하여야 한다. 다만, 그 기간에 감사를 끝내기가 어려운 정당한
사유가 있으면 그 기간을 연장할 수 있으며, 기간을 연장할 때에는 미리 청구인의 대표자
와 해당 지방자치단체의 장에게 알리고, 공표하여야 한다.

⑩ 주무부장관이나 시·도지사는 주민이 감사를 청구한 사항이 다른 기관에서 이미 감사한
사항이거나 감사 중인 사항이면 그 기관에서 한 감사 결과 또는 감사 중인 사실과 감사가
끝난 후 그 결과를 알리겠다는 사실을 청구인의 대표자와 해당 기관에 지체 없이 알려야
한다.

⑪ 주무부장관이나 시·도지사는 주민 감사 청구를 처리(각하를 포함한다)할 때 청구인의
대표자에게 반드시 증거 제출 및 의견 진술의 기회를 주어야 한다.

⑫ 주무부장관이나 시·도지사는 제9항에 따른 감사 결과에 따라 기간을 정하여 해당 지방
자치단체의 장에게 필요한 조치를 요구할 수 있다. 이 경우 그 지방자치단체의 장은 이를
성실히 이행하여야 하고, 그 조치 결과를 지방의회와 주무부장관 또는 시·도지사에게 보
고하여야 한다.

⑬ 주무부장관이나 시·도지사는 제12항에 따른 조치 요구 내용과 지방자치단체의 장의
조치 결과를 청구인의 대표자에게 서면으로 알리고, 공표하여야 한다.

⑭ 제1항부터 제13항까지에서 규정한 사항 외에 18세 이상의 주민의 감사 청구에 필요한
사항은 대통령령으로 정한다.

1. 의의

지방자치단체의 주민은 해당 지방자치단체의 감독기관에 대하여 그 지방자치단체와 그 장의 권한에 속하는 사무의 처리가 법령에 위반되거나 공익을 현저히 해친다는 이유로 감사를 청구할 수 있다(제21조). 주민감사청구는 시민에 의한 공공감사 청구에 해당하며 대의제 지방민주주의가 가진 한계를 보완하는 기능과 지방자치단체의 공공재정에 대한 주민의 통제수단으로 작동한다.^{강기홍} 하지만 지방자치법 상의 주민감사청구는 결국 해당 지방자치단체의 감독청(주무부장관/시·도지사)에 의한 감사라는 점에서 지방자치단체의 자율적 통제가 아니라 타율적 통제라는 점도 부인하기 어렵다.^{조성규} 한편, 「부패방지 및 국민권익위원회의 설치와 운영에 관한 법률」에서는 국민감사청구에 관하여 규정하고 있다. 18세 이상의 국민은 공공기관의 사무처리가 법령위반 또는 부패행위로 인하여 공익을 현저히 해하는 경우 대통령령으로 정하는 일정한 수 이상의 국민의 연서로 감사원에 감사를 청구할 수 있다. 다만, 국회·법원·헌법재판소·선거관리위원회 또는 감사원의 사무에 대하여는 국회의장·대법원장·헌법재판소장·중앙선거관리위원회 위원장 또는 감사원장(이하 "당해 기관의 장"이라 한다)에게 감사를 청구하여야 한다(부패방지법 제72조제1항).

주민감사청구는 지방자치법 제22조 내지 제24조에서 규정하는 주민소송의 전제요건으로서 주민소송이 도입되기 이전부터 있었으나 주민감사청구의 실효성을 보장을 위해서는 그 요건과 처리 절차의 개선이 필요하다.

2. 청구의 당사자

(1) 청구권자

지방자치단체의 18세 이상의 주민으로서 해당 지방자치단체의 관할 구역에 주민등록이 되어 있는 사람(공직선거법상 선거권이 없는 사람은 제외) 또는 「출입국관리법」 제10조에 따른 영주(永住)할 수 있는 체류자격 취득일 후 3년이 경과한 외국인으로서 같은 법 제34조에 따라 해당 지방자치단체의 외국인등록대장에 올라 있는 사람은 일정 수 이상의 주민이 연대 서명하여 감사청구를 할 수 있다(제21조제1항).

(2) 청구의 상대방

시도에 대하여는 주무부장관에게, 시군 및 자치구에 대하여는 시도지사에게 감사청구를 할 수 있다(제21조제1항).

3. 감사청구의 대상

감사청구의 대상이 되는 사무는 그 지방자치단체와 그 장의 권한에 속하는 사무이다. 따라서 지방자치단체에 속하는 사무인 자치사무와 단체위임사무뿐만 아니라 지방자치단체장의 권한에 속하는 사무인 기관위임사무까지 모두 포함된다.

다만, 법률에서 정하는 일정한 사항은 감사청구의 대상에서 제외된다. 즉, 수사나 재판에 관여하게 되는 사항, 개인의 사생활을 침해할 우려가 있는 사항, 다른 기관에서 감사하였거나 감사 중인 사항(다만, 다른 기관에서 감사한 사항이라도 새로운 사항이 발견되거나 중요 사항이 감사에서 누락된 경우와 제22조제1항에 따라 주민소송의 대상이 되는 경우에는 그러하지 아니하다), 동일한 사항에 대하여 제22조제2항 각 호의 어느 하나에 해당하는 소송이 진행 중이거나 그 판결이 확정된 사항이 여기에 해당한다(제21조제2항).

또한, 사무처리가 있었던 날이나 끝난 날부터 3년이 지난 경우에는 감사청구의 대상이 될 수 없다(제21조제3항).

지방자치단체의 건전재정 유지를 위해 지방공기업의 재정사항에 대하여 감사청구 대상으로 해야 한다는 견해도 있다.^{허전·송석록}

4. 감사결과의 처리

주무부장관이나 시·도지사는 감사 청구를 수리한 날부터 60일 이내에 감사 청구된 사항에 대하여 감사를 끝내야 하며, 감사 결과를 청구인의 대표자와 해당 지방자치단체의 장에게 서면으로 알리고, 공표하여야 한다. 다만, 그 기간에 감사를 끝내기가 어려운 정당한 사유가 있으면 그 기간을 연장할 수 있으며, 기간을 연장

할 때에는 미리 청구인의 대표자와 해당 지방자치단체의 장에게 알리고, 공표하여
야 한다(제21조제9항). 주무부장관이나 시·도지사는 감사 결과에 따라 기간을 정하
여 해당 지방자치단체의 장에게 필요한 조치를 요구할 수 있다. 이 경우 그 지방자
치단체의 장은 이를 성실히 이행하여야 하고, 그 조치 결과를 지방의회와 주무부장
관 또는 시·도지사에게 보고하여야 한다(제21조제12항). 주무부장관이나 시·도지
사는 조치 요구 내용과 지방자치단체의 장의 조치 결과를 청구인의 대표자에게 서
면으로 알리고, 공표하여야 한다(제21조제13항).

 참고문헌

강기홍, "현행 주민감사청구제도의 기능과 한계", 「지방자치법연구」 제8권 제2호, 한국지
　　방자치법학회, 2008.6., 102쪽.
조성규, "지방자치단체의 책임성 제고 수단으로서의 주민소송제도의 의의와 한계", 「지방
　　자치법연구」 제7권 제4호, 한국지방자치법학회, 2007.12., 277쪽.
허전·송석록, "지방자치단체의 재정 건전화 방안", 「지방자치법연구」 제8권 제1호, 한국
　　지방자치법학회, 2008.3., 190쪽.

제5절   주민소송

제22조(주민소송)

① 제21조제1항에 따라 공금의 지출에 관한 사항, 재산의 취득 · 관리 · 처분에 관한 사항, 해당 지방자치단체를 당사자로 하는 매매 · 임차 · 도급 계약이나 그 밖의 계약의 체결 · 이행에 관한 사항 또는 지방세 · 사용료 · 수수료 · 과태료 등 공금의 부과 · 징수를 게을리한 사항을 감사 청구한 주민은 다음 각 호의 어느 하나에 해당하는 경우에 그 감사 청구한 사항과 관련이 있는 위법한 행위나 업무를 게을리한 사실에 대하여 해당 지방자치단체의 장 (해당 사항의 사무처리에 관한 권한을 소속 기관의 장에게 위임한 경우에는 그 소속 기관의 장을 말한다. 이하 이 조에서 같다)을 상대방으로 하여 소송을 제기할 수 있다.

  1. 주무부장관이나 시 · 도지사가 감사 청구를 수리한 날부터 60일(제21조제9항 단서에 따라 감사기간이 연장된 경우에는 연장된 기간이 끝난 날을 말한다)이 지나도 감사를 끝내지 아니한 경우

  2. 제21조제9항 및 제10항에 따른 감사 결과 또는 같은 조제12항에 따른 조치 요구에 불복하는 경우

  3. 제21조제12항에 따른 주무부장관이나 시 · 도지사의 조치 요구를 지방자치단체의 장이 이행하지 아니한 경우

  4. 제21조제12항에 따른 지방자치단체의 장의 이행 조치에 불복하는 경우

② 제1항에 따라 주민이 제기할 수 있는 소송은 다음 각 호와 같다.

  1. 해당 행위를 계속하면 회복하기 어려운 손해를 발생시킬 우려가 있는 경우에는 그 행위의 전부나 일부를 중지할 것을 요구하는 소송

  2. 행정처분인 해당 행위의 취소 또는 변경을 요구하거나 그 행위의 효력 유무 또는 존재 여부의 확인을 요구하는 소송

  3. 게을리한 사실의 위법 확인을 요구하는 소송

  4. 해당 지방자치단체의 장 및 직원, 지방의회의원, 해당 행위와 관련이 있는 상대방에게 손해배상청구 또는 부당이득반환청구를 할 것을 요구하는 소송. 다만, 그 지방자치단체의 직원이 「회계관계직원 등의 책임에 관한 법률」 제4조에 따른 변상책임을 져야 하는 경우에는 변상명령을 할 것을 요구하는 소송을 말한다.

③ 제2항제1호의 중지청구소송은 해당 행위를 중지할 경우 생명이나 신체에 중대한 위해

가 생길 우려가 있거나 그 밖에 공공복리를 현저하게 해칠 우려가 있으면 제기할 수 없다.

④ 제2항에 따른 소송은 다음 각 호의 구분에 따른 날부터 90일 이내에 제기하여야 한다.

　　1. 제1항제1호: 해당 60일이 끝난 날(제21조제9항 단서에 따라 감사기간이 연장된 경우에는 연장기간이 끝난 날을 말한다)

　　2. 제1항제2호: 해당 감사 결과나 조치 요구 내용에 대한 통지를 받은 날

　　3. 제1항제3호: 해당 조치를 요구할 때에 지정한 처리기간이 끝난 날

　　4. 제1항제4호: 해당 이행 조치 결과에 대한 통지를 받은 날

⑤ 제2항 각 호의 소송이 진행 중이면 다른 주민은 같은 사항에 대하여 별도의 소송을 제기할 수 없다.

⑥ 소송의 계속(繫屬) 중에 소송을 제기한 주민이 사망하거나 제16조에 따른 주민의 자격을 잃으면 소송절차는 중단된다. 소송대리인이 있는 경우에도 또한 같다.

⑦ 감사 청구에 연대 서명한 다른 주민은 제6항에 따른 사유가 발생한 사실을 안 날부터 6개월 이내에 소송절차를 수계(受繼)할 수 있다. 이 기간에 수계절차가 이루어지지 아니할 경우 그 소송절차는 종료된다.

⑧ 법원은 제6항에 따라 소송이 중단되면 감사 청구에 연대 서명한 다른 주민에게 소송절차를 중단한 사유와 소송절차 수계방법을 지체 없이 알려야 한다. 이 경우 법원은 감사 청구에 적힌 주소로 통지서를 우편으로 보낼 수 있고, 우편물이 통상 도달할 수 있을 때에 감사 청구에 연대 서명한 다른 주민은 제6항의 사유가 발생한 사실을 안 것으로 본다.

⑨ 제2항에 따른 소송은 해당 지방자치단체의 사무소 소재지를 관할하는 행정법원(행정법원이 설치되지 아니한 지역에서는 행정법원의 권한에 속하는 사건을 관할하는 지방법원 본원을 말한다)의 관할로 한다.

⑩ 해당 지방자치단체의 장은 제2항제1호부터 제3호까지의 규정에 따른 소송이 제기된 경우 그 소송 결과에 따라 권리나 이익의 침해를 받을 제3자가 있으면 그 제3자에 대하여, 제2항제4호에 따른 소송이 제기된 경우 그 직원, 지방의회의원 또는 상대방에 대하여 소송고지를 해 줄 것을 법원에 신청하여야 한다.

⑪ 제2항제4호에 따른 소송이 제기된 경우에 지방자치단체의 장이 한 소송고지신청은 그 소송에 관한 손해배상청구권 또는 부당이득반환청구권의 시효중단에 관하여 「민법」 제168조제1호에 따른 청구로 본다.

⑫ 제11항에 따른 시효중단의 효력은 그 소송이 끝난 날부터 6개월 이내에 재판상 청구, 파산절차참가, 압류 또는 가압류, 가처분을 하지 아니하면 효력이 생기지 아니한다.

⑬ 국가, 상급 지방자치단체 및 감사 청구에 연대 서명한 다른 주민과 제10항에 따라 소송고지를 받은 자는 법원에서 계속 중인 소송에 참가할 수 있다.

⑭ 제2항에 따른 소송에서 당사자는 법원의 허가를 받지 아니하고는 소의 취하, 소송의 화해 또는 청구의 포기를 할 수 없다.

⑮ 법원은 제14항에 따른 허가를 하기 전에 감사 청구에 연대 서명한 다른 주민에게 그 사실을 알려야 하며, 알린 때부터 1개월 이내에 허가 여부를 결정하여야 한다. 이 경우 통지 방법 등에 관하여는 제8항 후단을 준용한다.

⑯ 제2항에 따른 소송은 「민사소송 등 인지법」 제2조제4항에 따른 비재산권을 목적으로 하는 소송으로 본다.

⑰ 소송을 제기한 주민은 승소(일부 승소를 포함한다)한 경우 그 지방자치단체에 대하여 변호사 보수 등의 소송비용, 감사 청구절차의 진행 등을 위하여 사용된 여비, 그 밖에 실제로 든 비용을 보상할 것을 청구할 수 있다. 이 경우 지방자치단체는 청구된 금액의 범위에서 그 소송을 진행하는 데 객관적으로 사용된 것으로 인정되는 금액을 지급하여야 한다.

⑱ 제1항에 따른 소송에 관하여 이 법에 규정된 것 외에는 「행정소송법」에 따른다.

제23조(손해배상금 등의 지급청구 등)

① 지방자치단체의 장(해당 사항의 사무처리에 관한 권한을 소속 기관의 장에게 위임한 경우에는 그 소속 기관의 장을 말한다. 이하 이 조에서 같다)은 제22조제2항제4호 본문에 따른 소송에 대하여 손해배상청구나 부당이득반환청구를 명하는 판결이 확정되면 판결이 확정된 날부터 60일 이내를 기한으로 하여 당사자에게 그 판결에 따라 결정된 손해배상금이나 부당이득반환금의 지급을 청구하여야 한다. 다만, 손해배상금이나 부당이득반환금을 지급하여야 할 당사자가 지방자치단체의 장이면 지방의회의 의장이 지급을 청구하여야 한다.

② 지방자치단체는 제1항에 따라 지급청구를 받은 자가 같은 항의 기한까지 손해배상금이나 부당이득반환금을 지급하지 아니하면 손해배상·부당이득반환의 청구를 목적으로 하는 소송을 제기하여야 한다. 이 경우 그 소송의 상대방이 지방자치단체의 장이면 그 지방의회의 의장이 그 지방자치단체를 대표한다.

제24조(변상명령 등)

① 지방자치단체의 장은 제22조제2항제4호 단서에 따른 소송에 대하여 변상할 것을 명하는 판결이 확정되면 판결이 확정된 날부터 60일 이내를 기한으로 하여 당사자에게 그 판결에 따라 결정된 금액을 변상할 것을 명령하여야 한다.

② 제1항에 따라 변상할 것을 명령받은 자가 같은 항의 기한까지 변상금을 지불하지 아니하면 지방세 체납처분의 예에 따라 징수할 수 있다.

③ 제1항에 따라 변상할 것을 명령받은 자는 그 명령에 불복하는 경우 행정소송을 제기할 수 있다. 다만, 「행정심판법」에 따른 행정심판청구는 제기할 수 없다.

1. 의의

주민소송은 지방자치단체 또는 단체장의 공금의 지출에 관한 사항, 재산의 취득·관리·처분에 관한 사항, 해당 지방자치단체를 당사자로 하는 매매·임차·도급 계약이나 그 밖의 계약의 체결·이행에 관한 사항 또는 지방세·사용료·수수료·과태료 등 공금의 부과·징수를 게을리한 사항을 감사 청구한 주민이 그 감사청구한 사항과 관련이 있는 위법한 행위나 업무를 게을리한 사실에 대하여 해당 지방자치단체의 장을 상대방으로 하여 제기하는 소송을 말한다(제22조). 즉, 위법한 재무회계행위에 대하여 주민이 제기하는 소송을 말한다. 이러한 주민소송은 위법한 재무회계행위의 시정이라는 공익 목적을 위한 것으로, 주민이 자신의 법률상 이익과 관계없이 제기할 수 있는 민중소송에 해당한다.

지방자치법에 납세자소송인 주민소송이 처음 규정된 것은 2005년 1월 27일 지방자치법 개정(제13조의5 신설)때부터 이지만 구법(1988년 4월 6일 법률 제4004호에 의하여 개정되기 이전의 법률)하에서도 제7장에서 소청(訴請)의 명목으로 이미 존재하고 있었으나 제도가 현실적으로 실행된 적은 없었다. 2006년부터 시행되기 시작한 주민소송은 방자치단체의 위법한 재무회계 행위에 대해 지역주민의 시정조치를 법원에 제소할 수 있도록 하여 지방재정에서의 적극적인 주민참여를 가능하게 한 것으로 평가된다. 조성규 그렇지만 실제로 주민소송이 제기된 것은 2021년 12월까지 55건에 불과하고 당시 10건이 진행 중인 것을 고려하면 45건이 종결되어 평균적으로 1년에 3건에 불과하다.[8]

---

8) 행정안전부 지방자치분권실 주민소송 현황(2021.12.31.)(https://www.mois.go.kr/frt/bbs/type001/commonSelectBoardArticle.do?bbsId=BBSMSTR_000000000050&nttId=90750)

2. 주민소송의 종류

주민소송은 지방자치법 제22조제2항에 규정된 네 가지 유형에 한정된다. 주민소송의 종류는 다음과 같다.

(1) 제1호 소송

해당 행위를 계속하면 회복하기 곤란한 손해를 발생시킬 우려가 있는 경우에는 그 행위의 전부나 일부를 중지할 것을 요구하는 소송을 말한다. 1호 소송의 대상은 행정소송법상 처분에 한정되지는 않는다. 일정한 부작위를 청구하는 이행소송에 해당한다고 할 수 있다. 주로, 공금지출의 중지, 계약체결의 중지, 계약이행의 중지 등을 요구하는 것을 그 내용으로 한다.

(2) 제2호 소송

행정처분인 해당 행위의 취소 또는 변경을 요구하거나 그 행위의 효력 유무 또는 존재 여부의 확인을 요구하는 소송을 말한다. 제2호 소송은 행정처분을 대상으로 한다. 민간에 대한 부당한 보조금교부처분의 취소, 민간에 대한 부당한 점용료 면제처분의 취소 등이 그 예가 된다.

(3) 제3호 소송

지방세·사용료·수수료·과태료 등 공금의 부과·징수 등을 게을리한 사실의 위법 확인을 요구하는 소송이다. 재무회계행위 중 위법한 부작위가 대상이 된다. 다만, 제3호 소송의 부작위는 행정처분의 부작위임을 요구하지는 않는다.

(4) 제4호 소송

해당 지방자치단체의 장 및 직원, 지방의회의원, 해당 행위와 관련이 있는 상대방에게 손해배상청구 또는 부당이득반환청구를 할 것을 요구하는 소송을 말한다. 다만, 그 지방자치단체의 직원이 「회계관계직원 등의 책임에 관한 법률」 제4조에 따른 변상책임을 져야 하는 경우에는 변상명령을 할 것을 요구하는 소송을 말한다.

제4호 소송은 지방자치단체장, 직원, 지방의원, 해당 행위의 관련 상대방 등에게 손해배상청구 또는 부당이득반환청구를 할 것을 요구하는 소송으로, 피고에 해당하는 지방자치단체의 장에게 직접 손해배상 등을 청구하는 소송이 아니라 피고가 위법한 재무회계행위의 관계자에게 손해배상 등을 청구하도록 요구하는 소송이다.

3. 요건

(1) 주민소송의 대상

주민소송의 대상은 위법한 재무회계행위이다. 주민소송 제도는 지방자치단체 주민이 지방자치단체의 위법한 재무회계행위의 방지 또는 시정을 구하거나 그로 인한 손해의 회복 청구를 요구할 수 있도록 함으로써 지방자치단체 재무행정의 적법성, 지방재정의 건전하고 적정한 운영을 확보하려는 데 목적이 있다. 그러므로 주민소송은 원칙적으로 지방자치단체의 재무회계에 관한 사항의 처리를 직접 목적으로 하는 행위에 대하여 제기할 수 있고, 지방자치법 제17조제1항에서 주민소송의 대상으로 규정한 '재산의 취득·관리·처분에 관한 사항', '해당 지방자치단체를 당사자로 하는 계약의 체결·이행에 관한 사항' 등에 해당하는지 여부도 그 기준에 의하여 판단하여야 한다.9) 다만, 재무회계행위의 위법성은 주민소송에서 법원이 본안에서 청구를 인용하기 위한 요건일 뿐이고, 주민들이 주민소송을 제기하는 단계에서는 재무회계행위의 위법성이 인정될 가능성을 주장하는 것으로 족하며, 재무회계행위가 위법할 것이 주민소송의 적법요건이 되는 것은 아니다. 재무회계행위가 위법한지 여부는 주민소송의 수소법원이 구체적인 사실관계를 조사·심리해 보아야지 비로소 판단할 수 있는 사항이기 때문이다.

(2) 구체적 검토

주민소송의 대상으로서 '공금의 지출에 관한 사항'이란 지출원인행위 즉, 지방자치단체의 지출원인이 되는 계약 그 밖의 행위로서 당해 행위에 의하여 지방자치단

---

9) 대법원 2020.7.29. 2017두63467 판결.

체가 지출의무를 부담하는 예산집행의 최초 행위와 그에 따른 지급명령 및 지출
등에 한정되고, 특별한 사정이 없는 한 이러한 지출원인행위 등에 선행하여 그러한
지출원인행위를 수반하게 하는 당해 지방자치단체의 장 및 직원, 지방의회 의원의
결정 등과 같은 행위는 포함되지 않는다고 보아야 한다.[10]

또한, 도로점용허가가 주민소송의 대상인 '재산의 취득·관리·처분에 관한 사항'
에 해당하는지 여부에 관하여 대법원은 도로 등 공물이나 공공용물을 특정 사인이
배타적으로 사용하도록 하는 점용허가가 도로 등의 본래 기능 및 목적과 무관하게
그 사용가치를 실현·활용하기 위한 것으로 평가되는 경우에는 주민소송의 대상이
되는 재산의 관리·처분에 해당한다고 판단하였다.[11]

(3) 주민소송의 당사자

주민소송의 원고는 지방자치법 제21조에 따른 주민감사청구를 한 주민이다. 연
대 서명하여 감사청구를 한 주민 중 1인에 의한 주민소송의 제기도 가능하다.

주민소송의 피고는 지방자치단체의 장이다. 다만, 제4호 소송의 경우 1단계 소송
에서는 지방자치단체의 장이 피고가 되지만, 원고가 승소한 후에 이어지는 2단계
소송에서는 부당이득을 얻거나 손해를 끼친 공무원 등이 피고가 된다.

(4) 주민감사청구 전치주의

1) 의의

주민감사청구를 한 주민만이 주민소송을 제기할 수 있고, 주민감사청구의 대상
으로 하지 아니한 사항은 주민소송의 대상이 되지 않는다. 다만, 주민감사청구가
'지방자치단체와 그 장의 권한에 속하는 사무의 처리'를 대상으로 하는 데 반하여,
주민소송은 '그 감사청구한 사항과 관련이 있는 위법한 행위나 업무를 게을리한 사
실'에 대하여 제기할 수 있는 것이므로, 주민소송의 대상은 주민감사를 청구한 사
항과 관련이 있는 것으로 충분하고, 주민감사를 청구한 사항과 반드시 동일할 필요
는 없다. 주민감사를 청구한 사항과 관련성이 있는지는 주민감사청구사항의 기초

10) 대법원 2011.12.22. 2009두14309 판결.
11) 대법원 2016.5.27. 2014두8490 판결.

인 사회적 사실관계와 기본적인 점에서 동일한지에 따라 결정되는 것이며 그로부터 파생되거나 후속하여 발생하는 행위나 사실은 주민감사청구사항과 관련이 있다고 보아야 한다.[12]

이러한 최근 대법원의 태도는 주민소송의 대상과 관련해 주민감사청구와의 기본적 사실관계의 동일성을 지나치게 엄격하게 파악해 왔던 태도에 비해 유연한 자세를 보여주고 있다.[이태정]

2) 감사결과에 대한 불복

주민소송은 주민감사청구결과에 불복하는 경우에 제기할 수 있다. 지방자치법에서는 구체적으로 1. 주무부장관이나 시·도지사가 감사 청구를 수리한 날부터 60일(제21조제9항 단서에 따라 감사기간이 연장된 경우에는 연장된 기간이 끝난 날을 말한다)이 지나도 감사를 끝내지 아니한 경우, 2. 제21조제9항 및 제10항에 따른 감사 결과 또는 같은 조 제12항에 따른 조치 요구에 불복하는 경우, 3. 제21조제12항에 따른 주무부장관이나 시·도지사의 조치 요구를 지방자치단체의 장이 이행하지 아니한 경우, 4. 제21조제12항에 따른 지방자치단체의 장의 이행 조치에 불복하는 경우를 주민소송의 제기요건으로 규정하고 있다(제22조제4항).

만약, 주민감사청구가 지방자치법에서 정한 적법요건을 모두 갖추었음에도, 감사기관이 해당 주민감사청구가 부적법하다고 오인하여 더 나아가 구체적인 조사·판단을 하지 않은 채 각하하는 결정을 한 경우, 감사청구한 주민은 위법한 각하결정 자체를 별도의 항고소송으로 다툴 필요 없이, 지방자치법이 규정한 다음 단계의 권리구제절차인 주민소송을 제기할 수 있는지가 문제될 수 있다. 이에 대하여 대법원은 다음과 같이 주민소송을 제기할 수 있다고 판단하였다.[13]

지방자치법 제17조제1항은 주민감사를 청구한 주민에 한하여 주민소송을 제기할 수 있도록 하여 '주민감사청구 전치'를 주민소송의 소송요건으로 규정하고 있으므로, 주민감사청구 전치 요건을 충족하였는지 여부는 주민소송의 수소법원이 직권

---

12) 대법원 2020.7.29. 2017두63467 판결.
13) 대법원 2020.6.25. 2018두67251 판결.

으로 조사하여 판단하여야 한다. 주민소송이 주민감사청구 전치 요건을 충족하였다고 하려면 주민감사청구가 지방자치법 제16조에서 정한 적법요건을 모두 갖추고, 나아가 지방자치법 제17조제1항 각호에서 정한 사유에도 해당하여야 한다. 지방자치법 제17조제1항 제2호에 정한 '감사결과'에는 감사기관이 주민감사청구를 수리하여 일정한 조사를 거친 후 주민감사청구사항의 실체에 관하여 본안판단을 하는 내용의 결정을 하는 경우뿐만 아니라, 감사기관이 주민감사청구가 부적법하다고 오인하여 위법한 각하결정을 하는 경우까지 포함한다. 주민감사청구가 지방자치법에서 정한 적법요건을 모두 갖추었음에도, 감사기관이 해당 주민감사청구가 부적법하다고 오인하여 더 나아가 구체적인 조사·판단을 하지 않은 채 각하하는 결정을 한 경우에는, 감사청구한 주민은 위법한 각하결정 자체를 별도의 항고소송으로 다툴 필요 없이, 지방자치법이 규정한 다음 단계의 권리구제절차인 주민소송을 제기할 수 있다고 보아야 한다.

4. 주민소송의 심리

주민소송의 종류에 따라 본안의 판단대상이 다름은 당연하다. 여기에서는 재무회계행위의 위법성에 관련된 쟁점만 살펴본다.

주민소송에서 다툼의 대상이 된 처분의 위법성은 행정소송법상 항고소송에서와 마찬가지로 헌법, 법률, 그 하위의 법규명령, 법의 일반원칙 등 객관적 법질서를 구성하는 모든 법규범에 위반되는지 여부를 기준으로 판단하여야 하는 것이지, 해당 처분으로 지방자치단체의 재정에 손실이 발생하였는지만을 기준으로 판단할 것은 아니라고 한다.[14)

그리고 위법성은 원칙적으로 재무회계행위에 존재하는 것이어야 하고, 재무회계행위의 선행행위에 위법성이 있는 경우를 포함하는 것은 아니다. 다만, 예외적으로 지출원인행위의 선행행위에 위법사유가 존재하는지 심사할 수 있는 경우가 있다. 즉, 지출원인행위 등을 하는 행정기관이 선행행위의 행정기관과 동일하거나 선행행위에 대한 취소·정지권을 갖는 경우 지출원인행위 등을 하는 행정기관은 지방자

---

14) 대법원 2019.10.17. 2018두104 판결.

치단체에 직접적으로 지출의무를 부담하게 하는 지출원인행위 단계에서 선행행위의 타당성 또는 재정상 합리성을 다시 심사할 의무가 있는 점, 이러한 심사를 통하여 선행행위가 현저하게 합리성을 결하고 있다는 것을 확인하여 이를 시정할 수 있었음에도 그에 따른 지출원인행위 등을 그대로 진행하는 것은 부당한 공금 지출이 되어 지방재정의 건전하고 적정한 운용에 반하는 점, 지출원인행위 자체에 고유한 위법이 있는 경우뿐만 아니라 선행행위에 간과할 수 없는 하자가 존재하고 있음에도 이에 따른 지출원인행위 등 단계에서 심사 및 시정의무를 소홀히 한 경우에도 당해 지출원인행위를 위법하다고 보아야 하는 점 등에 비추어 보면, 선행행위가 현저하게 합리성을 결하여 그 때문에 지방재정의 적정성 확보라는 관점에서 지나칠 수 없는 하자가 존재하는 경우에는 지출원인행위 단계에서 선행행위를 심사하여 이를 시정해야 할 회계관계 법규상 의무가 있다고 보아야 한다. 따라서 이러한 하자를 간과하여 그대로 지출원인행위 및 그에 따른 지급명령·지출 등 행위에 나아간 경우에는 그러한 지출원인행위 등 자체가 회계관계 법규에 반하여 위법하다고 보아야 하고, 이러한 위법사유가 존재하는지를 판단할 때에는 선행행위와 지출원인행위의 관계, 지출원인행위 당시 선행행위가 위법하여 직권으로 취소하여야 할 사정이 있었는지 여부, 지출원인행위 등을 한 당해 지방자치단체의 장 및 직원 등이 선행행위의 위법성을 명백히 인식하였거나 이를 인식할 만한 충분한 객관적인 사정이 존재하여 선행행위를 시정할 수 있었는지 등을 종합적으로 고려해야 한다.15)

📑 참고문헌

김용찬·선정원·변성완, 주민소송, 2005.

조성규, "지방자치단체의 책임성 제고 수단으로서의 주민소송제도의 의의와 한계", 「지방자치법연구」 제7권 제4호, 한국지방자치법학회, 2007.12., 6쪽.

이태정, "주민소송의 대상-대법원 2020.7.29. 선고 2017두63467판결-, 「법조」 제70권 제1호, 법조협회, 2021.8., 338쪽.

행정안전부 지방자치분권실 주민투표현황(2021.12.31.) https://www.mois.go.kr/frt/bbs/type001/commonSelectBoardArticle.do?bbsId=BBSMSTR_000000000050&nttId=90750

---

15) 대법원 2011.12.22. 2009두14309 판결.

제6절   주민소환

> **제25조(주민소환)**
> ① 주민은 그 지방자치단체의 장 및 지방의회의원(비례대표 지방의회의원은 제외한다)을 소환할 권리를 가진다.
> ② 주민소환의 투표 청구권자 · 청구요건 · 절차 및 효력 등에 관한 사항은 따로 법률로 정한다.

1. 의의

주민소환이란 주민이 투표 등의 방법을 통하여 선출직 지방공직자의 직을 상실시키는 것을 말한다. 주민은 그 지방자치단체의 장 및 비례대표를 제외한 지방의회의원을 소환할 권리를 가진다. 지방자치법은 1994년 3월 개정법률(제13조의2)에서 처음으로 이에 관해 규정하였으나 투표대상이나 절차 등에 대해 침묵하고 있었다. 그 후 2004년 1월 16일 제정된 「지방분권특별법」과 「주민소환에 관한 법률」이 2006년 5월 24일 제정되어 2007년 7월부터 주민소환제도가 시행되고 있다.

헌법재판소는 주민소환의 성질을 정치적인 행위로 이해하였고, 사유를 묻지 않는 것이 제도 취지에 부합한다는 보고, 청구요건도 외국과 비교해 낮지 않아 남용될 위험이 크게 없으며, 유권자 3분의1 이상의 투표와 유효투표총수의 과반 찬성의 해임 확정 요건도 외국에 비해 그다지 낮지 않다고 판시한 바 있다.[16] 주민소환의 투표 청구권자 · 청구요건 · 절차 및 효력 등에 관한 사항은 따로 「주민소환에 관한 법률」로 정한다.

---

16) 헌법재판소 2009.3.26. 2007헌마843 전원재판부.

2. 대상, 요건 및 효과

(1) 투표권자

주민소환투표권을 갖는 주민은 19세 이상의 주민으로서 당해 지방자치단체 관할구역에 주민등록이 되어 있는 자(「공직선거법」 제18조의 규정에 의하여 선거권이 없는 자를 제외한다) 또는 19세 이상의 외국인으로서 「출입국관리법」 제10조의 규정에 따른 영주의 체류자격 취득일 후 3년이 경과한 자 중 같은 법 제34조의 규정에 따라 당해 지방자치단체 관할구역의 외국인등록대장에 등재된 자를 의미한다(주민소환법 제3조제1항).

(2) 대상

주민소환의 대상은 선출직 지방공직자인 단체장 및 지방의회의원이다. 다만, 선출직 지방공직자의 임기개시일로부터 1년이 경과하지 아니한 때이거나 임기만료일로부터 1년 미만일 때에는 주민소환의 대상이 되지 않는다. 또한, 해당선출직 지방공직자에 대한 주민소환투표를 실시한 날부터 1년 이내인 때에도 주민소환투표의 실시를 청구할 수 없다(주민소환법 제8조).

(3) 실시요건

주민소환투표는 법률에 정한 일정 수 이상의 주민소환투표청구권자의 서명으로 그 소환사유를 서면에 구체적으로 명시하여 관할선거관리위원회에 실시청구를 하는 방법으로 실시한다(주민소환법 제7조제1항). 다만, 주민소환사유는 법률상 제한이 없으므로, 탄핵과 같이 직무집행의 위법성에 한정되는 것은 아니라고 할 것이다. 헌법재판소는 주민소환제는 역사적으로 비민주적·독선적 행위에 대한 광범위한 통제의 필요성으로 인하여 인정되는 제도라는 점을 중시한다.[17]

---

17) 헌법재판소 2011.3.31. 2008헌마355 결정(대의민주주의 아래에서 대표자에 대한 선출과 신임은 선거의 형태로 이루어지는 것이 바람직하고, 주민소환은 대표자에 대한 신임을 묻는 것으로서 그 속성은 재선거와 다를 바 없으므로 선거와 마찬가지로 그 사유를 묻지 않는 것이 제도의 취지에 부합한다. 또한, 주민소환제는 역사적으로도 위법·탈법행위에 대한 규제보다 비민주적·독선적행위에 대한 광범위한 통제의 필요성이 강조되어 왔으므로 주민소환의 청구사유에 제한을 둘 필요

(4) 주민소환투표의 절차

1) 주민소환투표청구의 각하

주민소환투표청구가 유효한 서명의 총수에 미달하거나 주민소환투표의 청구제한기간 이내에 청구되는 등 적법요건을 갖추지 못한 경우에는 관할선거관리위원회는 이를 각하하여야 한다(「주민소환에 관한 법률」 제11조).

2) 주민소환투표실시의 효과

주민소환투표청구가 적법하다고 인정되는 경우에는 주민소환투표의 발의, 공고 등의 절차를 거쳐 주민소환투표를 실시한다.

주민소환투표대상자는 관할선거관리위원회가 주민소환투표안을 공고한 때부터 주민소환투표결과를 공표할 때까지 그 권한행사가 정지되고, 부단체장이 권한을 대행한다(「주민소환에 관한 법률」 제21조제1항·제2항).

주민소환투표권자 총수의 3분의 1 이상의 투표와 유효투표 총수 과반수의 찬성으로 투표결과가 확정된다. 전체 주민소환투표자의 수가 주민소환투표권자 총수의 3분의 1에 미달하는 때에는 개표를 하지 아니한다(「주민소환에 관한 법률」 제22조제1항·제2항). 주민소환이 확정된 때에는 주민소환투표대상자는 그 결과가 공표된 시점부터 그 직을 상실한다(「주민소환에 관한 법률」 제23조제1항).

가 없고, 또 업무의 광범위성이나 입법기술적 측면에서 소환사유를 구체적으로 적시하는 것도 쉽지 않다. 다만, 청구사유에 제한을 두지 않음으로써 주민소환제가 남용될 소지는 있으나, 법에서 그 남용의 가능성을 제도적으로 방지하고 있을 뿐만 아니라, 현실적으로도 시민의식 또한 성장하여 남용의 위험성은 점차 줄어들 것으로 예상할 수 있다. 그리고 청구사유를 제한하는 경우 그 해당여부를 사법기관에서 심사하는 것이 과연 가능하고 적정한지 의문이고, 이 경우 절차가 지연됨으로써 조기에 문제를 해결하지 못할 위험성이 크다 할 수 있으므로 법이 주민소환의 청구사유에 제한을 두지 않는 데에는 상당한 이유가 있고, 입법자가 주민소환제 형성에 있어서 반드시 청구사유를 제한하여야 할 의무가 있다고 할 수도 없으며, 달리 그와 같이 청구사유를 제한하지 아니한 입법자의 판단이 현저하게 잘못되었다고 볼 사정 또한 찾아볼 수 없다. 따라서 이 사건 법률조항은 과잉금지의 원칙에 위배하여 청구인의 공무담임권을 침해한다고 볼 수 없다).

(5) 불복

주민소환투표의 효력에 관하여 이의가 있는 해당 주민소환투표대상자 또는 주민소환투표권자(주민소환투표권자 총수의 100분의 1 이상의 서명을 받아야 한다)는 주민소환투표결과가 공표된 날부터 14일 이내에 관할선거관리위원회 위원장을 피소청인으로 하여 지역구시·도의원, 지역구자치구·시·군의원 또는 시장·군수·자치구의 구청장을 대상으로 한 주민소환투표에 있어서는 특별시·광역시·도선거관리위원회에, 시·도지사를 대상으로 한 주민소환투표에 있어서는 중앙선거관리위원회에 소청할 수 있다(「주민소환에 관한 법률」 제24조제1항). 소청에 대한 결정에 관하여 불복이 있는 소청인은 관할선거관리위원회 위원장을 피고로 하여 그 결정서를 받은 날(결정서를 받지 못한 때에는 「공직선거법」 제220조제1항의 규정에 의한 결정기간이 종료된 날을 말한다)부터 10일 이내에 지역구시·도의원, 지역구자치구·시·군의원 또는 시장·군수·자치구의 구청장을 대상으로 한 주민소환투표에 있어서는 그 선거구를 관할하는 고등법원에, 시·도지사를 대상으로 한 주민소환투표에 있어서는 대법원에 소를 제기할 수 있다(「주민소환에 관한 법률」 제24조제2항).

 참고문헌

이동식·전훈·김민수, 지방재정 주민참여제도에 관한 법제연구, 한국법제연구원, 2022, 150쪽.

이관행, "현행 주민소환제도의 운용에 대한 평가와 개선 과제", 「지방자치법연구」 제20권 제2호, 한국지방자치법학회, 2020.6., 38쪽.

행정안전부 지방자치분권실 주민투표현황(2021.12.31.) https://www.mois.go.kr/frt/bbs/type001/commonSelectBoardArticle.do?bbsId = BBSMSTR_000000000050&nttId = 90750

제4편

자치행정기관

지방자치의 현실적 모습은 지방자치단체의 집행기관을 통해 구체화된다. 헌법 제9장이 보장하고 있는 자치행정은 지방민주주의의 내용인 지방의회의 조례 제정과 단체장의 규칙에 따라 집행기관인 지방자치단체장과 소속 기관을 통해 수행되고 있다. 한편 지방자치의 특별한 영역으로 지방교육자치가 인정되고 있고 2021년 7월부터 자치행정의 새로운 부분으로 자치경찰이 도입되었지만 이에 대해서는 시간이 더 필요하다고 본다.

제1절 **지방자치단체의 장**

1. 지위

(1) 집행기관

지방의회는 헌법상 반드시 설치하여야 하는 필수기관이지만, 지방자치단체의 장은 헌법상 반드시 설치하여야 하는 기관은 아니다. 현재는 지방자치법에 따라 지방자치단체마다 단체장을 두고 있다. 특별시에 특별시장, 광역시에 광역시장, 특별자치시에 특별자치시장, 도와 특별자치도에 도지사를 두고, 시에 시장, 군에 군수, 자치구에 구청장을 둔다(제106조).

2022년 지방자치법 전부개정법률의 시행으로 따로 법률로 정하는 바에 따라 지방자치단체의 기관구성 형태를 달리할 수 있으므로(제4조 참조), 앞으로 집행기관의 형태는 현재와는 달라질 여지도 있다.

(2) 기관구성의 다양화

지방자치단체의 입법과 행정기능을 각각 주민에 의하여 직접 선출된 다른 기관이 담당하는 방식을 '기관대립형'이라고 하고, 주민이 선출한 의회가 입법과 행정기능을 모두 담당하는 방식을 '기관통합형'이라고 한다. 우리나라는 지방자치단체의 규모, 인구 등과 관계없이 모든 지방자치단체에서 단체장과 의회를 주민이 직접 선출하는 방식, 즉 집행기관과 의회의 기관대립형 방식을 따르고 있다. 전부개정된 지방자치법은 이러한 일률적 규율 대신, 지방자치단체별로 각자의 여건에 맞는 기관구성의 형태를 주민들이 선택할 수 있도록 하려는 취지를 가지고 있다. 지방자치법은 다양한 기관구성 형태의 도입을 위한 법적 근거를 마련하였다. 지방자치법 제4조에서는 지방의회와 집행기관에 관한 지방자치법의 규정에도 불구하고 따로 법률로 정하는 바에 따라 지방자치단체의 장의 선임방법을 포함한 지방자치단체의 기관구성 형태를 달리할 수 있도록 규정하였다(제1항 참조).

지방자치단체의 기관구성 다양화는 주로 미국의 제도를 모델로 하고 있는 것으로 보인다. 주지하다시피, 미국에서는 지방정부(local government)의 형태로 5가지 모델이 소개되고 있다. 의회-매니저형(council-manager), 시장-의회형(mayor-council), 위원회형(commission), 주민총회형(town meeting), 대의원 주민총회형(representative town meeting) 등이 그것이다. 실제로는 이러한 5가지 모델이 모두 활용되고 있는 것 같지는 않고 주로 3가지 모델-시장-의회형, 의회-매니저형, 그리고 위원회형-이 사용되고 있다고 한다. 이 중에서 현재는 의회-매니저형이 가장 다수의 지방정부가 채택하고 있는 기관구성 형태라고 한다. 미국의 지방정부 중 50% 정도가 의회-매니저형을 채택하고 있다. 그리고 시장-의회형이 두 번째로 많이 사용되고 있다.

1) 의회-매니저형

의회-매니저형은 주민들에 의하여 선출된 지방의회와 지방의회가 고용한 매니저로 구성된다. 의회-매니저형 지방정부에도 시장(mayor)이 존재하는 경우도 많은데, 이 경우에 시장은 의회에서 선출되기도 하고 직접 선거로 선출되기도 하지만 실제로 집행기능은 수행하지 않고 정치적 지도자로서의 역할만 담당한다고 한다. 이 모델에서는 지방의회의 구성원들이 전통적인 정책결정과 입법기능을 수행하고, 행정적 책임은 시티 매니저가 담당하게 된다. 시티 매니저는 경영책임자와 같은 존재로, 행정조직의 장으로서 모든 시정을 담당한다. 시티 매니저는 행정에 관한 전문성을 가진 사람들 중에서 임명되는데, 해당 지방자치단체의 주민이 아닌 사람 중에서도 당연히 선발될 수 있다고 한다. 그리고 실제로는 종종 다른 지방정부에서 행정에 성공하고 성과가 좋은 시티 매니저를 스카우트하려 하는 현상도 나타난다고 한다.

2) 시장-의회형

미국 지방정부 구성에서는 시장-의회형이 두 번째로 많이 채택되는 모델이라고 한다. 시장-의회형에서는 의회가 입법기구이고, 시장은 선거로 선출되고 최고집행자로서 기능한다. 미국의 경우에 대도시에서는 강한 시장-의회형 모델이 주로 나타난다고 한다. 여기에서는 시장이 광범위한 행정권한, 예산권한, 인사권한을 행사한다. 시장-의회형은 우리나라의 현재 기관대립형 구조와 크게 다르지 않은 것으로 보인다.

3) 검토

지방자치법 제4조에 따라 기관구성 형태를 다양화하기 위해서는 먼저 그에 관한 법률이 제정되어야 한다. 또한, 법률에서 다양한 기관구성 형태가 제시된다고 해도, 현행 기관대립형 모델에서 다른 형태로 변경하려면 지방자치법 제4조제2항에 따라 주민투표를 거쳐야 한다. 이러한 점을 고려한다면, 기관구성 다양화를 위한 입법이 된다고 하여도 실제로는 기관구성 형태의 변화는 쉽게 일어나기는 어려울 것이고 대부분의 지방자치단체에서 현재와 같은 기관대립형 구성 형태를 계속 유지할 것으로 예측된다.

한편, 기관구성 형태 중 지방자치단체의 장을 직선제로 선출하지 않은 모델의 경우 또 다른 검토가 필요한 문제가 있을 수 있다. 즉, 우리나라에서도 주민들이 단체장을 직접 선출하지 않는 형태의 기관구성이 허용될 수 있는가하는 점이다. 우리 헌법에서는 지방자치단체장의 선임방법은 법률로 정하도록 규정하고 있어서(제118조 제2항 참조), 지방자치단체장의 직선제가 헌법 명문 규정에 의하여 반드시 요구되고 있는 상황은 아님이 분명하다. 다만, 우리 헌법재판소의 다음과 같은 판시는 지방자 치단체장을 직선제가 아닌 다른 방식으로 선출할 수 있도록 하는 법률은 위헌이 될 수 있다는 취지로 이해될 수 있다고 본다.[1)]

"헌법에서 지방자치제를 제도적으로 보장하고 있고, 지방자치는 지방자치단체가 독 자적인 자치기구를 설치해서 그 자치단체의 고유사무를 국가기관의 간섭 없이 스스 로의 책임 아래 처리하는 것이라는 점에서 지방자치단체의 대표인 단체장은 지방의 회의원과 마찬가지로 주민의 자발적 지지에 기초를 둔 선거를 통해 선출되어야 한 다. 공직선거 관련법상 지방자치단체의 장 선임방법은 '선거'로 규정되어 왔고, 지방 자치단체의 장을 선거로 선출하여 온 우리 지방자치제의 역사에 비추어 볼 때, 지방 자치단체의 장에 대한 주민직선제 이외의 다른 선출방법을 허용할 수 없다는 관행 과 이에 대한 국민적 인식이 광범위하게 존재한다고 볼 수 있다."

지방자치단체 집행기관 구성방식의 다양화는 많은 연구와 논의가 필요하다. 다 만, 헌법재판소 결정이 헌법 규정이 아닌 현행 법률인 지방자치법과 공직선거법 등 에서 지방자치단체의 장의 선임방법이 선거로 규정되어 있다는 점을 첫 번째 논거 로 하고 있다는 점에서, 향후 기관구성 다양화를 위한 입법을 통하여 직선제가 아 닌 방식으로 지방자치단체의 장을 선임할 수 있도록 하는 법률 개정이 이루어진다 면, 그 법률을 위헌으로 판단하기는 어려울 것이라 생각된다.

(3) 선출 및 임기

1) 선출

지방자치단체의 장은 주민이 보통·평등·직접·비밀선거로 선출한다(제107조). 지방자치단체의 장은 당해 지방자치단체의 관할구역을 단위로 하여 선거한다(「공직 선거법」 제20조제4항).

---

1) 헌법재판소 2016.10.27. 2014헌마797 결정.

2) 임기, 연임제한 및 겸임제한

지방자치단체의 장의 임기는 4년으로 하며, 3기 내에서만 계속 재임(在任)할 수 있다(제108조). 계속 재임이 아닌 한, 3기 이상의 재임도 가능하다. 헌법재판소는 지방자치단체의 장의 계속 재임을 3기로 제한한 지방자치법 조항을 합헌으로 보았다.[2]

지방자치단체의 장은 법률이 정한 일정한 직을 겸임할 수 없다(제109조제1항). 예를 들어, 대통령, 국회의원, 헌법재판소 재판관, 각급 선거관리위원회 위원, 지방의회의원, 국가공무원, 지방공무원 외에 다른 법령에 따라 공무원의 신분을 가지는 직을 겸할 수 없다. 또한「공공기관의 운영에 관한 법률」제4조에 따른 공공기관(한국방송공사, 한국교육방송공사 및 한국은행을 포함한다)의 임직원, 농업협동조합, 수산업협동조합, 산림조합, 엽연초생산협동조합, 신용협동조합 및 새마을금고(이들 조합·금고의 중앙회와 연합회를 포함한다)의 임직원, 교원,「지방공기업법」제2조에 따른 지방공사와 지방공단의 임직원, 그 밖에 다른 법률에서 겸임할 수 없도록 정하는 직을 겸직할 수 없다. 그리고 지방자치단체의 장은 재임 중 그 지방자치단체와 영리를 목적으로 하는 거래를 하거나 그 지방자치단체와 관계있는 영리사업에 종사할 수 없다(제109조제2항).

3) 사임 또는 퇴직

지방자치단체의 장은 스스로 사임할 수 있다. 다만 이 경우에 지방의회의 의장에게 미리 사임일을 적은 사임통지서를 제출하여야 한다(제111조).

지방자치단체의 장은 법률에 정한 일정한 사유가 발생한 경우, 즉, 지방자치단체의 장이 겸임할 수 없는 직에 취임할 때, 피선거권이 없게 될 때(이 경우 지방자치단체의 구역이 변경되거나 없어지거나 합한 것 외의 다른 사유로 그 지방자치단체의 구역 밖으로 주민등록을 이전하였을 때를 포함한다), 또는 지방자치단체의 폐지·설치·분리·

---

2) 헌법재판소 2006.2.23. 2005헌마403 결정(헌법재판소는 지방자치단체 장의 계속 재임을 3기로 제한한 규정의 입법취지는 장기집권으로 인한 지역발전저해 방지와 유능한 인사의 자치단체 장 진출확대로 대별할 수 있는바, 그 목적의 정당성, 방법의 적절성, 피해의 최소성, 법익의 균형성이 충족되므로 헌법에 위반되지 아니한다고 한다. 또한, 같은 선출직공무원인 지방의회의원 등과 비교해볼 때, 지방자치의 민주성과 능률성, 지방의 균형적 발전의 저해요인이 될 가능성이 상대적으로 큰 지방자치단체 장의 장기 재임만을 규제대상으로 삼아 달리 취급하는 데에는 합리적인 이유가 있다고 할 것이므로, 평등권을 침해하지 않는다고 보았다).

합병으로 지방자치단체의 장의 직을 상실할 때에는 법률상 당연히 퇴직하게 된다 (제112조).

4) 권한대행

지방자치단체의 장이 궐위되거나 공소 제기된 후 구금상태에 있거나 「의료법」에 따른 의료기관에 60일 이상 계속하여 입원한 경우에는 부단체장이 그 권한을 대행한다(제124조제1항). 지방자치단체의 장이 그 직을 가지고 그 지방자치단체의 장 선거에 입후보하면 예비후보자 또는 후보자로 등록한 날부터 선거일까지 부단체장이 그 지방자치단체의 장의 권한을 대행한다(제124조제2항).

헌법재판소는 공소 제기된 후 구금상태에 있는 경우를 권한대행 사유로 규정한 것은 무죄추정의 원칙에 반하지 않는다고 한다.[3]

2. 권한

지방자치단체의 장은 지방자치단체의 집행기관으로서 사무를 집행하는 기능과 관련된 권한을 갖는다.

(1) 포괄적 사무처리권한

지방자치단체의 장은 지방자치단체를 대표하고, 그 사무를 총괄하는 지방자치단체의 통할대표권을 가진다(제114조). 지방자치단체의 장은 그 지방자치단체의 사무와 법령에 따라 그 지방자치단체의 장에게 위임된 사무를 관리하고 집행한다(제116조).

---

3) 헌법재판소 2011.4.28. 2010헌마474 결정(자치단체장이 '공소 제기된 후 구금상태'에 있는 경우 자치단체행정의 계속성과 융통성을 보장하고 주민의 복리를 위한 최선의 정책집행을 도모하기 위해서는 해당 자치단체장을 직무에서 배제시키는 방법 외에는 달리 의미있는 대안을 찾을 수 없고, 범죄의 죄질이나 사안의 경중에 따라 직무정지의 필요성을 달리 판단할 여지가 없으며, 소명의 기회를 부여하는 등 직무정지라는 제재를 가함에 있어 추가적인 요건을 설정할 필요도 없다. 나아가 정식 형사재판절차를 앞두고 있는 '공소 제기된 후'부터 시작하여 '구금상태에 있는' 동안만 직무를 정지시키고 있어 그 침해가 최소한에 그치도록 하고 있고, 이 사건 법률조항이 달성하려는 공익은 매우 중대한 반면, 일시적·잠정적으로 직무를 정지당할 뿐 신분을 박탈당하지도 않는 자치단체장의 사익에 대한 침해는 가혹하다고 볼 수 없으므로 과잉금지원칙에 위반되지 않는다).

지방자치단체의 장은 조례나 규칙으로 정하는 바에 따라 그 권한에 속하는 사무의 일부를 보조기관, 소속 행정기관 또는 하부행정기관에 위임할 수 있다(제117조제1항). 지방자치단체의 장은 조례나 규칙으로 정하는 바에 따라 그 권한에 속하는 사무의 일부를 관할 지방자치단체나 공공단체 또는 그 기관(사업소·출장소를 포함한다)에 위임하거나 위탁할 수 있다(제117조제2항). 지방자치단체의 장은 조례나 규칙으로 정하는 바에 따라 그 권한에 속하는 사무 중 조사·검사·검정·관리업무 등 주민의 권리·의무와 직접 관련되지 아니하는 사무를 법인·단체 또는 그 기관이나 개인에게 위탁할 수 있다(제117조제3항). 지방자치단체의 장이 위임받거나 위탁받은 사무의 일부를 제1항부터 제3항까지의 규정에 따라 다시 위임하거나 위탁하려면 미리 그 사무를 위임하거나 위탁한 기관의 장의 승인을 받아야 한다(제117조제4항).

(2) 집행기관 내부에 대한 권한

지방자치단체의 장은 소속 직원(지방의회의 사무직원은 제외한다)을 지휘·감독하고 법령과 조례·규칙으로 정하는 바에 따라 그 임면·교육훈련·복무·징계 등에 관한 사항을 처리한다(제118조).

지방자치단체장이 승진후보자명부 방식에 의한 5급 공무원 승진임용 절차에서 미리 승진후보자명부상 후보자들 중에서 승진대상자를 실질적으로 결정한 다음 그 내용을 인사위원회 간사, 서기 등을 통해 인사위원회 위원들에게 '승진대상자 추천'이라는 명목으로 제시하여 인사위원회로 하여금 자신이 특정한 후보자들을 승진대상자로 의결하도록 유도하는 행위가 직권남용권리행사방해죄에 해당하는지 여부가 논의된 적이 있다. 대법원은 지방자치단체의 장이 미리 승진후보자명부상 후보자들 중에서 승진대상자를 실질적으로 결정한 다음 그 내용을 인사위원회 위원들에게 '승진대상자 추천'이라는 명목으로 제시하여 자신이 특정한 후보자들을 승진대상자로 의결하도록 유도하는 행위는 인사위원회 사전심의 제도의 취지에 부합하지 않다는 점에서 바람직하지 않다고 볼 수 있지만, 그것만으로는 직권남용권리행사방해죄의 구성요건인 '직권의 남용' 및 '의무 없는 일을 하게 한 경우'로 볼 수 없다 하였다.[4]

---

4) 대법원 2020.12.10. 2019도17879 판결.

(3) 의회에 대한 권한

1) 재의요구권

지방자치단체의 장은 지방의회의 의결이 월권이거나 법령에 위반되거나 공익을 현저히 해친다고 인정되면 그 의결사항을 이송받은 날부터 20일 이내에 이유를 붙여 재의를 요구할 수 있다(제120조제1항). 제1항의 요구에 대하여 재의한 결과 재적의원 과반수의 출석과 출석의원 3분의 2 이상의 찬성으로 전과 같은 의결을 하면 그 의결사항은 확정된다(제120조제2항). 지방자치단체의 장은 제2항에 따라 재의결된 사항이 법령에 위반된다고 인정되면 대법원에 소를 제기할 수 있다(제120조제3항).

지방자치단체의 장은 지방의회의 의결이 예산상 집행할 수 없는 경비를 포함하고 있다고 인정되면 그 의결사항을 이송받은 날부터 20일 이내에 이유를 붙여 재의를 요구할 수 있다(제121조제1항). 지방의회가 법령에 따라 지방자치단체에서 의무적으로 부담하여야 할 경비 또는 비상재해로 인한 시설의 응급 복구를 위하여 필요한 경비 중 어느 하나에 해당하는 경비를 줄이는 의결을 할 때에도 그 의결사항을 이송받은 날부터 20일 이내에 이유를 붙여 재의를 요구할 수 있다(제121조제2항 참조). 이 경우에도 재의한 결과 재적의원 과반수의 출석과 출석의원 3분의 2 이상의 찬성으로 전과 같은 의결을 하면 그 의결사항은 확정된다.

2) 선결처분권

지방자치단체의 장은 지방의회가 지방의회의원이 구속되는 등의 사유로 제73조에 따른 의결정족수에 미달될 때와 지방의회의 의결사항 중 주민의 생명과 재산 보호를 위하여 긴급하게 필요한 사항으로서 지방의회를 소집할 시간적 여유가 없거나 지방의회에서 의결이 지체되어 의결되지 아니할 때에는 선결처분(先決處分)을 할 수 있다(제122조제1항). 선결처분을 한 경우 지체 없이 지방의회에 보고하여 승인을 받아야 한다(제122조제2항). 지방의회에서 제2항의 승인을 받지 못하면 그 선결처분은 그때부터 효력을 상실한다(제122조제3항). 지방자치단체의 장은 제2항이나 제3항에 관한 사항을 지체없이 공고하여야 한다(제122조제4항).

3. 보조기관 등

(1) 보조기관

1) 부단체장

특별시·광역시 및 특별자치시에 부시장, 도와 특별자치도에 부지사, 시에 부시장, 군에 부군수, 자치구에 부구청장을 둔다(제123조제1항). 부시장, 부지사, 부시장, 부군수, 부구청장을 부단체장이라고 한다. 부단체장의 수는 법률과 대통령령에 따라 정한다(지방자치법 시행령 제71조).

① 정원

특별시의 부시장은 3명 이내의 범위에서 대통령령으로 정하는데, 대통령령에는 3명으로 규정되어 있다. 광역시와 특별자치시의 부시장 및 도와 특별자치도의 부지사는 2명(인구 800만 이상의 광역시나 도는 3명)을 넘지 아니하는 범위에서 대통령령으로 정하는데, 대통령령에는 2명으로 규정되어 있다. 다만, 인구 800만 이상의 광역시 및 도는 3명인데, 현재는 경기도만 여기에 해당한다. 시의 부시장, 군의 부군수 및 자치구의 부구청장의 수는 1명으로 한다.

② 임명 및 직급

특별시·광역시 및 특별자치시의 부시장, 도와 특별자치도의 부지사는 대통령령으로 정하는 바에 따라 정무직 또는 일반직 국가공무원으로 보한다. 다만, 특별시·광역시 및 특별자치시의 부시장, 도와 특별자치도의 부지사를 2명이나 3명 두는 경우에 1명은 대통령령으로 정하는 바에 따라 정무직·일반직 또는 별정직 지방공무원으로 보하되, 정무직과 별정직 지방공무원으로 보할 때의 자격기준은 해당 지방자치단체의 조례로 정한다(제123조제2항).

제2항의 정무직 또는 일반직 국가공무원으로 보하는 부시장·부지사는 시·도지사의 제청으로 행정안전부장관을 거쳐 대통령이 임명한다. 이 경우 제청된 사람에게 법적 결격사유가 없으면 시·도지사가 제청한 날부터 30일 이내에 임명절차를 마쳐야 한다(제123조제3항).

시의 부시장, 군의 부군수, 자치구의 부구청장은 일반직 지방공무원으로 보하되, 그 직급은 대통령령으로 정하며 시장·군수·구청장이 임명한다(제123조제4항).

③ 권한

시·도의 부시장과 부지사, 시의 부시장·부군수·부구청장은 해당 지방자치단체의 장을 보좌하여 사무를 총괄하고, 소속 직원을 지휘·감독한다(제123조제5항).

2) 행정기구와 공무원

지방자치단체는 그 사무를 분장하기 위하여 필요한 행정기구와 지방공무원을 둔다(제125조제1항). 제1항에 따른 행정기구의 설치와 지방공무원의 정원은 인건비 등 대통령령으로 정하는 기준에 따라 그 지방자치단체의 조례로 정한다(제125조제2항). 행정안전부장관은 지방자치단체의 행정기구와 지방공무원의 정원이 적절하게 운영되고 다른 지방자치단체와의 균형이 유지되도록 하기 위하여 필요한 사항을 권고할 수 있다(제125조제3항).

지방공무원의 임용과 시험·자격·보수·복무·신분보장·징계·교육·훈련 등에 관한 사항은 따로 법률로 정하는데, 「지방공무원법」이 여기에 해당한다.

(2) 소속 행정기관

1) 직속기관

지방자치단체는 소관 사무의 범위에서 필요하면 대통령령이나 대통령령으로 정하는 범위에서 그 지방자치단체의 조례로 자치경찰기관(제주특별자치도만 해당한다), 소방기관, 교육훈련기관, 보건진료기관, 시험연구기관 및 중소기업지도기관 등을 직속기관으로 설치할 수 있다(제126조).

2) 사업소 및 출장소

지방자치단체는 특정 업무를 효율적으로 수행하기 위하여 필요하면 대통령령으로 정하는 범위에서 그 지방자치단체의 조례로 사업소를 설치할 수 있다(제127조) 또한, 지방자치단체는 외진 곳의 주민의 편의와 특정지역의 개발 촉진을 위하여 필요하면 대통령령으로 정하는 범위에서 그 지방자치단체의 조례로 출장소를 설치할 수 있다(제128조).

3) 합의제 행정기관

지방자치단체는 소관 사무의 일부를 독립하여 수행할 필요가 있으면 법령이나 그 지방자치단체의 조례로 정하는 바에 따라 합의제행정기관을 설치할 수 있다(제129조제1항). 합의제행정기관을 설치할 수 있는 경우는 고도의 전문지식이나 기술이 필요한 경우, 중립적이고 공정한 집행이 필요한 경우, 주민 의사의 반영과 이해관계의 조정이 필요한 경우 등이다(지방자치법 시행령 제77조).

4) 자문기관

지방자치단체는 소관 사무의 범위에서 법령이나 그 지방자치단체의 조례로 정하는 바에 따라 자문기관(소관 사무에 대한 자문에 응하거나 협의, 심의 등을 목적으로 하는 심의회, 위원회 등을 말한다. 이하 같다)을 설치·운영할 수 있다(제130조제1항). 자문기관은 법령이나 조례에 규정된 기능과 권한을 넘어서 주민의 권리를 제한하거나 의무를 부과하는 내용으로 자문 또는 심의 등을 하여서는 아니 된다(제130조제2항). 자문기관의 설치 요건·절차, 구성 및 운영 등에 관한 사항은 대통령령으로 정한다. 다만, 다른 법령에서 지방자치단체에 둘 수 있는 자문기관의 설치 요건·절차, 구성 및 운영 등을 따로 정한 경우에는 그 법령에서 정하는 바에 따른다(제130조제3항). 자문기관은 업무 특성상 전문적인 지식이나 경험이 있는 사람의 의견을 들어 결정할 필요가 있는 경우이거나 업무의 성질상 다양한 이해관계의 조정 등 특히 신중한 절차를 거쳐 처리할 필요가 있는 경우에 설치할 수 있다(지방자치법 시행령 제78조).

지방자치단체는 자문기관 운영의 효율성 향상을 위하여 해당 지방자치단체에 설치된 다른 자문기관과 성격·기능이 중복되는 자문기관을 설치·운영해서는 아니되며, 지방자치단체의 조례로 정하는 바에 따라 성격과 기능이 유사한 다른 자문기관의 기능을 포함하여 운영할 수 있다(제130조제4항). 지방자치단체의 장은 자문기관 운영의 효율성 향상을 위한 자문기관 정비계획 및 조치 결과 등을 종합하여 작성한 자문기관 운영현황을 매년 해당 지방의회에 보고하여야 한다(제130조제5항).

(3) 하부행정기관

　자치구가 아닌 구에 구청장, 읍에 읍장, 면에 면장, 동에 동장을 둔다. 이 경우 면·
동은 행정면·행정동을 말한다(제131조). 자치구가 아닌 구의 구청장은 일반직 지방공
무원으로 보하되, 시장이 임명한다(제132조제1항). 읍장·면장·동장은 일반직 지방공
무원으로 보하되, 시장·군수 또는 자치구의 구청장이 임명한다(제132조제2항).

　자치구가 아닌 구의 구청장은 시장, 읍장·면장은 시장이나 군수, 동장은 시장(구가
없는 시의 시장을 말한다)이나 구청장(자치구의 구청장을 포함한다)의 지휘·감독을 받아
소관 국가사무와 지방자치단체의 사무를 맡아 처리하고 소속 직원을 지휘·감독한다
(제133조). 지방자치단체는 조례로 정하는 바에 따라 자치구가 아닌 구와 읍·면·동
에 소관 행정사무를 분장하기 위하여 필요한 행정기구를 둘 수 있다. 이 경우 면·
동은 행정면·행정동을 말한다(제134조).

제2절　교육감

> **지방자치법**
>
> **제135조(교육·과학 및 체육에 관한 기관)**
> ① 지방자치단체의 교육·과학 및 체육에 관한 사무를 분장하기 위하여 별도의 기관을 둔다.
> ② 제1항에 따른 기관의 조직과 운영에 필요한 사항은 따로 법률로 정한다.
>
> **지방교육자치에 관한 법률**
>
> **제1조(목적)**
> 이 법은 교육의 자주성 및 전문성과 지방교육의 특수성을 살리기 위하여 지방자치단체의 교육·과학·기술·체육 그 밖의 학예에 관한 사무를 관장하는 기관의 설치와 그 조직 및 운영 등에 관한 사항을 규정함으로써 지방교육의 발전에 이바지함을 목적으로 한다.
>
> **제2조(교육·학예사무의 관장)**
> 지방자치단체의 교육·과학·기술·체육 그 밖의 학예(이하 "교육·학예"라 한다)에 관한 사무는 특별시·광역시 및 도(이하 "시·도"라 한다)의 사무로 한다.
>
> **제3조(「지방자치법」과의 관계)**
> 지방자치단체의 교육·학예에 관한 사무를 관장하는 기관의 설치와 그 조직 및 운영 등에 관하여 이 법에서 규정한 사항을 제외하고는 그 성질에 반하지 아니하는 범위에서 「지방자치법」의 관련 규정을 준용한다. 이 경우 "지방자치단체의 장" 또는 "시·도지사"는 "교육감"으로, "지방자치단체의 사무"는 "지방자치단체의 교육·학예에 관한 사무"로, "자치사무"는 "교육·학예에 관한 자치사무"로, "행정안전부장관"·"주무부장관" 및 "중앙행정기관의 장"은 "교육부장관"으로 본다

1. 지방교육자치의 실시

(1) 연혁

　지방교육자치는 1949년에 「교육법」이 제정되고 1952년에 동법 시행령이 제정·공포되면서 기초의회에서 선출되는 10인의 위원으로 구성되는 시교육위원회와 읍·

면의회에서 각 1씩 선출되는 구(舊)교육위원회를 근간으로 시작되었다. 하지만 명칭과는 달리 당시 27개의 시·군·구 교육위원회는 형식적 행정기관에 불과하였고 그나마 1961년 5.16 군사 쿠데타 이후 폐지되었다. 그 후 현행 헌법과 지방자치법이 부활하면서 「지방교육자치에 관한 법률」이 1991. 3. 8. 제정·공포되어, 지방의회에서 교육위원을 선출하고 교육위원들로 구성된 교육위원회에서 교육감을 선출하게 되었다. 첫 지방교육자치의 경우 교육위원 선출에 관하여 시·군·구의회가 2인씩 추천한 자 중에서, 시·도의회에서 무기명투표로 교육위원을 선출하는 방식으로 제도설계가 이루어졌다.조재현

이후 교육감과 교육위원 선거의 과열과 혼탁과 비리 등에 따라 제도 개선의 요청이 강력하게 나타났고, 교육자치 본질에 대한 갈등인 일반행정과 독립된 교육행정(기관)의 자치와 지방교육자치를 통한 지방교육 행정의 자주성과 전문성의 보장이라는 논쟁은 지속되어 오고 있다.안주열

아래 표에서 보듯이 2014년 7월부터 교육위원회가 폐지되었고, 교육·학예에 관한 사무의 의결기관은 지방의회가 되었다. 특히 선거인단에 의한 간선제의 경우 비록 민주성의 요소는 다소 결핍되었을지라도, 각각 지방성(1991-1997, 기초의회의 추천과 광역의회 선출)과 전문성(1997-2000, 학교운영위원회와 교원단체 선거인으로 구성되는 선거인단)의 요소를 우위에 둔 결과로 볼 수 있다.

> - 시의회와 읍·면의회에 의한 간선제(1949-1961)
> - 문교부(교육부)장관에 의한 임명제(1961-1991)
> - 시·군·구의회 추천+시·도의회선출의 간선제(1991-1997),
> - 선거인단(학교운영위원회선거인·교원단체선거인)에 의한 간선제(1997-2000),
> - 학교운영위원회 위원전원에 의한 간선제(2000-2006),
> - 시·도의회에 상임위원회로 교육위원회(2006),
> - 시·도의회에 교육학예에 관한 상임위원회 전환(2010.9.1.)
> - 교육감 첫 직선, 교육위원회 설치 및 선거규정(제2장 부분),
>   교육의원선거(제7장)는 2014년 6월 30일 기한부로 일몰제(2010)
> - 교육감인수위원회 조항 신설(2013)

(2) 지방교육자치제도의 본질(99헌바113)

교육이 이루어지는 공간인 어린이집·유치원·초등학교·중학교·고등학교 및 이에 준하는 각종 학교의 설치·운영·지도는 지방자치단체의 사무에 속한다(제13조제2항제5호가목). 그리고 제135조는 교육·과학 및 체육에 관한 사무를 위한 별도의 기관의 조직과 운영을 위해 「지방교육자치에 관한 법률」이 1991년에 제정되었다.

지방교육자치에 관한 연혁에서 본 것처럼 지방교육자치에 관한 특별한 입법자의 결단이 있음에도 불구하고 '지방'교육자치가 정확한지 아니면 지방'교육'자치가 옳은지에 대한 논란은 지금도 치열하게 진행되고 있다. 2006년 12월에 「지방교육자치에 관한 법률」을 개정하여 교육위원회가 광역의회의 상임위원회(교육위원회)로 전환되면서(2010.9.1.부터 제주특별자치도의 교육위원회의 운영결과과 관계없이 모든 시·도가 교육위원회를 시·도의회의 상임위원회로 개편되었다) 교육자치의 본질에 대한 논쟁은 해당 규정의 위헌 여부와도 밀접한 관련을 가진다. 교육학자와 행정학자 그리고 법학자들의 의견이 뚜렷이 차이가 나는 부분이어서 어느 하나의 모범 답안을 제시하는 것은 어려울 듯하고, 헌법재판소가 지방교육자치제도의 본질에 관해 언급한 사항이 있어 이를 소개하기로 한다.[5]

국민주권의 원리는 공권력의 구성·행사·통제를 지배하는 우리 통치질서의 기본원리이므로, 공권력의 일종인 지방자치권과 국가교육권(교육입법권·교육행정권·교육감독권 등)도 이 원리에 따른 국민적 정당성기반을 갖추어야만 한다. 그런데 국민주권·민주주의원리는 그 작용영역, 즉 공권력의 종류와 내용에 따라 구현방법이 상이할 수 있다. 국회·대통령과 같은 정치적 권력기관은 헌법 규정에 따라 국민으로부터 직선된다. 그러나 지방자치기관은 그것도 정치적 권력기관이긴 하지만, 중앙·지방간 권력의 수직적 분배라고 하는 지방자치제의 권력분립적 속성상, 중앙정치기관의 구성

---

[5] 헌법재판소 2000.3.30. 99헌바113 전원재판부. 해당 사건은 2000년 1월 28일 전문개정 되기 전의 「지방교육자치에 관한 법률」에서 교육위원의 선거에 있어서 선거공보의 발행·배포와 소견발표회의 개최 이외에 일체의 선거운동을 금지하고 이를 위반한 경우에 처벌하도록 조항이 있는 헌법 제11조(평등권)·제21조(언론의 자유)·제25조(공무담임권) 등에 위반되는지 여부에 관한 것이었다. 헌법재판소는 합헌으로 판단하였다.

과는 다소 상이한 방법으로 국민주권·민주주의 원리가 구현될 수도 있다. 또한 교육부문에 있어서의 국민주권·민주주의의 요청도, 문화적 권력이라고 하는 국가교육권의 특수성으로 말미암아, 정치부문과는 다른 모습으로 구현될 수 있다.

지방교육자치도 지방자치권행사의 일환으로서 보장되는 것이므로, 중앙권력에 대한 지방적 자치로서의 속성을 지니고 있지만, 동시에 그것은 헌법 제31조제4항이 보장하고 있는 교육의 자주성·전문성·정치적 중립성을 구현하기 위한 것이므로, 정치권력에 대한 문화적 자치로서의 속성도 아울러 지니고 있다. 이러한 '이중의 자치'의 요청으로 말미암아 지방교육자치의 민주적 정당성요청은 어느 정도 제한이 불가피하게 된다. 지방교육자치는 '민주주의·지방자치·교육자주'라고 하는 세 가지의 헌법적 가치를 골고루 만족시킬 수 있어야만 하는 것이다. '민주주의'의 요구를 절대시하여 비정치기관인 교육위원이나 교육감을 정치기관(국회의원·대통령 등)의 선출과 완전히 동일한 방식으로 구성한다거나, '지방자치'의 요구를 절대시하여 지방자치단체장이나 지방의회가 교육위원·교육감의 선발을 무조건적으로 좌우한다거나, '교육자주'의 요구를 절대시하여 교육·문화분야 관계자들만이 전적으로 교육위원·교육감을 결정한다거나 하는 방식은 그 어느 것이나 헌법적으로 허용될 수 없다.

2. 교육감[6]

(1) 선출 및 임기

시·도의 교육·학예에 관한 사무의 집행기관으로 시·도에 교육감을 둔다(제18조제1항). 교육감의 임기는 4년으로 하며, 교육감의 계속 재임은 3기에 한정한다(제21조). 교육감은 주민의 보통·평등·직접·비밀선거에 따라 선출한다(제43조). 교육감은 시·도를 단위로 하여 선출한다(제45조).

---

6) 아래에서 인용하는 법률 조항은 「지방교육자치에 관한 법률」의 내용이다.

(2) 겸직의 제한

지방교육자치에 관한 법률

제23조(겸직의 제한)
① 교육감은 다음 각 호의 어느 하나에 해당하는 직을 겸할 수 없다.〈개정 2016. 12. 13.〉
1. 국회의원·지방의회의원
2. 「국가공무원법」 제2조에 규정된 국가공무원과 「지방공무원법」 제2조에 규정된 지방공무원 및 「사립학교법」 제2조의 규정에 따른 사립학교의 교원
3. 사립학교경영자 또는 사립학교를 설치·경영하는 법인의 임·직원
② 교육감이 당선 전부터 제1항의 겸직이 금지된 직을 가진 경우에는 임기개시일 전일에 그 직에서 당연 퇴직된다.

제122조
① 지방정부에 주민이 보통·평등·직접·비밀선거로 구성하는 지방의회를 둔다.
② 지방의회의 구성방법, 지방행정부의 유형, 지방행정부의 장의 선임방법 등 지방정부의 조직과 운영에 기본적인 사항은 법률로 정하고, 구체적인 내용은 조례로 정한다.

교육감은 국회의원·지방의회의원, 「국가공무원법」 제2조에 규정된 국가공무원과 「지방공무원법」 제2조에 규정된 지방공무원 및 「사립학교법」 제2조의 규정에 따른 사립학교의 교원, 사립학교경영자 또는 사립학교를 설치·경영하는 법인의 임·직원 중 어느 하나에 해당하는 직을 겸할 수 없고 교육감이 당선 전부터 겸직이 금지된 직을 가진 경우에는 임기개시일 전일에 그 직에서 당연 퇴직된다(제23조제2항).

교육감의 경우 대학교수 또는 교사로 재직 중인 사람이 당선되는 경우가 자주 있는데, 교수 또는 교사의 직은 법률상 교육감과 겸직할 수 없기 때문에, 해당 직을 보유한 사람이 교육감에 당선되어 취임하게 되면 법률상 당연퇴직하도록 하였다(제23조제1항제2호).

(3) 후보자의 자격

교육감후보자가 되려는 사람은 해당 시·도지사의 피선거권이 있는 사람으로서 후보자등록신청개시일부터 과거 1년 동안 정당의 당원이 아닌 사람이어야 한다(제24조제1항). 교육감후보자가 되려는 사람은 후보자등록신청개시일을 기준으로 교육경력 또는 교육행정경력 중 어느 하나에 해당하는 경력이 3년 이상 있거나 교육경력과 교육행정경력을 합한 경력이 3년 이상 있는 사람이어야 한다. 교육감 후보자 자격 요건 조항이 공무담임권에 대한 제한인가에 대해 헌법재판소는 합헌이라고 하였다.[7] 여기에서 '교육경력'이란 「유아교육법」 제2조제2호에 따른 유치원, 「초·중등교육법」 제2조 및 「고등교육법」 제2조에 따른 학교(이와 동등한 학력이 인정되는 교육기관 또는 평생교육시설로서 다른 법률에 따라 설치된 교육기관 또는 평생교육시설을 포함한다)에서 교원으로 근무한 경력을 말한다. 그리고 '교육행정경력'이란 국가 또는 지방자치단체의 교육기관에서 국가공무원 또는 지방공무원으로 교육·학예에 관한 사무에 종사한 경력과 「교육공무원법」 제2조제1항제2호 또는 제3호에 따른 교육공무원으로 근무한 경력을 말한다(제24조제2항).

---

7) 헌법재판소 2009.9.24. 2007헌마117, 2008헌마483, 563(병합)(교육감은 지방자치단체의 교육에 관한 사무를 총괄하고 집행하는 기관으로서 교육정책의 수립과 집행에 큰 영향을 미칠 수 있는 지위에 있는바, 고도의 전문성을 갖출 것이 요구된다. 법 제24조 제2항은 교육전문가가 교육행정을 총괄하는 교육감이 될 수 있도록 하기 위한 것으로서 교육의 전문성과 자주성의 요청에 부합한다. 위 조항이 규정하지 아니하는 교육 관련 경력만이 인정되는 경우 교육 분야에 고유한 전문지식에 기초한 경험과 합리적 정책결정능력을 일반적으로 가지고 있다고 보기 어려우므로 위 조항이 그러한 경력을 교육감 선거 입후보를 위한 경력으로 인정하지 아니한 것이 교육의 전문성 및 자주성 확보를 위한 다른 경감적 대체 수단이 있음에도 필요한 정도를 넘어 과도하게 기본권을 제한하는 것이라 볼 수 없다. 나아가 위 조항에 의한 공무담임권의 제한은 작지 아니하나, 위 조항이 규정하는 자격을 갖추는 것이 능력과 자질에 관계없는 객관적 요건에 의하여 제한되는 것은 아닌 점을 고려하면, 위 조항이 추구하는 공익과의 관계에서 수인하기 어려운 현저한 불균형이 있다고 인정하기 어렵다. 결국 위 조항은 청구인들의 공무담임권 등 기본권의 본질적 내용을 침해할 정도로 과도한 것이라 볼 수 없다).

(4) 권한

1) 포괄적 사무처리권한

교육감은 교육·학예에 관한 소관 사무로 인한 소송이나 재산의 등기 등에 대하여 해당 시·도를 대표한다(제18조제2항). 시도지사와 교육감은 상호간에 소송을 제기할 수 없고[8] 권한쟁의심판을 제기할 수 없다.[9]^{김법주} 교육감은 교육·학예에 관한 다음 각 호의 사항에 관한 사무를 관장한다(제20조).

1. 조례안의 작성 및 제출에 관한 사항
2. 예산안의 편성 및 제출에 관한 사항
3. 결산서의 작성 및 제출에 관한 사항
4. 교육규칙의 제정에 관한 사항
5. 학교, 그 밖의 교육기관의 설치·이전 및 폐지에 관한 사항
6. 교육과정의 운영에 관한 사항
7. 과학·기술교육의 진흥에 관한 사항
8. 평생교육, 그 밖의 교육·학예진흥에 관한 사항
9. 학교체육·보건 및 학교환경정화에 관한 사항

---

8) 대법원 2001.5.8. 99다69341 판결(경상남도 교육감이 도를 대표해서 경상남도 도지사가 대표하는 경상남도를 상대로 제기한 소송이다. 대법원은 "지방자치단체로서의 도는 1개의 법인이 존재할 뿐이고, 다만 사무의 영역에 따라 도지사와 교육감이 별개의 집행 및 대표기관으로 병존할 뿐이므로 도 교육감이 도를 대표하여 도지사가 대표하는 도를 상대로 제기한 소유권 확인의 소는 자기가 자기를 상대로 제기한 것으로 권리보호의 이익이 없어 부적법하다."고 하였다).

9) 헌법재판소 2016.6.30. 2014헌라1 결정(헌법 제111조 제1항 제4호는 지방자치단체 상호간의 권한쟁의에 관한 심판을 헌법재판소가 관장하도록 규정하고 있고, 지방자치단체 '상호간'의 권한쟁의 심판에서 말하는 '상호간'이란 '서로 상이한 권리주체간'을 의미한다. 그런데 '지방교육자치에 관한 법률'은 교육감을 시·도의 교육·학예에 관한 사무의 '집행기관'으로 규정하고 있으므로, 교육감과 해당 지방자치단체 상호간의 권한쟁의심판은 '서로 상이한 권리주체간'의 권한쟁의심판청구로 볼 수 없다. 나아가 헌법은 '국가기관'과는 달리 '지방자치단체'의 경우에는 그 종류를 법률로 정하도록 규정하고 있으며(헌법 제117조 제2항), 지방자치법은 지방자치단체의 종류를 특별시, 광역시, 특별자치시, 도, 특별자치도와 시, 군, 구로 정하고 있고(지방자치법 제2조 제1항), 헌법재판소법은 이를 감안하여 권한쟁의심판의 종류를 정하고 있다. 즉, 지방자치법은 헌법의 위임을 받아 지방자치단체의 종류를 규정하고 있으므로, 지방자치단체 상호간의 권한쟁의심판을 규정하는 헌법재판소법 제62조 제1항 제3호를 예시적으로 해석할 필요성 및 법적 근거가 없다. 따라서 시·도의 교육·학예에 관한 집행기관인 교육감과 해당 지방자치단체 사이의 내부적 분쟁과 관련된 심판청구는 헌법재판소가 관장하는 권한쟁의심판에 속하지 아니한다).

10. 학생통학구역에 관한 사항

11. 교육 · 학예의 시설 · 설비 및 교구(教具)에 관한 사항

12. 재산의 취득 · 처분에 관한 사항

13. 특별부과금 · 사용료 · 수수료 · 분담금 및 가입금에 관한 사항

14. 기채(起債) · 차입금 또는 예산 외의 의무부담에 관한 사항

15. 기금의 설치 · 운용에 관한 사항

16. 소속 국가공무원 및 지방공무원의 인사관리에 관한 사항

17. 그 밖에 해당 시 · 도의 교육 · 학예에 관한 사항과 위임된 사항

2) 규칙제정권

교육감은 법령 또는 조례의 범위 안에서 그 권한에 속하는 사무에 관하여 교육규칙을 제정할 수 있다. 교육감은 대통령령으로 정하는 절차와 방식에 따라 교육규칙을 공포하여야 하며, 교육규칙은 특별한 규정이 없으면 공포한 날부터 20일이 지남으로써 효력이 발생한다(제25조).

3) 소속 공무원에 대한 임용권한

교육감은 소속 공무원을 지휘 · 감독하고 법령과 조례 · 교육규칙으로 정하는 바에 따라 그 임용 · 교육훈련 · 복무 · 징계 등에 관한 사항을 처리한다(제27조).

4) 의회에 대한 권한

① 시 · 도의회 등의 의결에 대한 재의와 제소

교육감은 교육 · 학예에 관한 시 · 도의회의 의결이 법령에 위반되거나 공익을 현저히 저해한다고 판단될 때에는 그 의결사항을 이송받은 날부터 20일 이내에 이유를 붙여 재의를 요구할 수 있다. 교육감이 교육부장관으로부터 재의요구를 하도록 요청받은 경우에는 시 · 도의회에 재의를 요구하여야 한다(제28조제1항).제1항의 규정에 따른 재의요구가 있을 때에는 재의요구를 받은 시 · 도의회는 재의에 붙이고 시 · 도의회 재적의원 과반수의 출석과 시 · 도의회 출석의원 3분의 2이상의 찬성으

로 전과 같은 의결을 하면 그 의결사항은 확정된다(제28조제2항). 제2항의 규정에 따라 재의결된 사항이 법령에 위반된다고 판단될 때에는 교육감은 재의결된 날부터 20일 이내에 대법원에 제소할 수 있다(제28조제3항). 교육부장관은 재의결된 사항이 법령에 위반된다고 판단됨에도 해당교육감이 소를 제기하지 않은 때에는 해당교육감에게 제소를 지시하거나 직접 제소할 수 있다(제28조제4항).제4항의 규정에 따른 제소의 지시는 제3항의 기간이 지난 날부터 7일 이내에 하고, 해당교육감은 제소 지시를 받은 날부터 7일 이내에 제소하여야 한다(제28조제5항). 교육부장관은 제5항의 기간이 지난 날부터 7일 이내에 직접 제소할 수 있다(제28조제6항).

② 선결처분

교육감은 소관 사무 중 시·도의회의 의결이 필요한 사항에 대하여 시·도의회가 성립되지 아니한 때(시·도의회의원의 구속 등의 사유로 지방자치법 제73조의 규정에 따른 의결정족수에 미달하게 된 때를 말한다) 또는 학생의 안전과 교육기관 등의 재산보호를 위하여 긴급하게 필요한 사항으로서 시·도의회가 소집될 시간적 여유가 없거나 시·도의회에서 의결이 지체되어 의결되지 아니한 때에 해당하는 경우에는 선결처분을 할 수 있다(제29조제1항). 선결처분은 지체 없이 시·도의회에 보고하여 승인을 얻어야 한다(제29조제2항). 시·도의회에서 제2항의 승인을 얻지 못한 때에는 그 선결처분은 그 때부터 효력을 상실한다(제29조제3항). 교육감은 제2항 및 제3항에 관한 사항을 지체 없이 공고하여야 한다(제29조제4항).

③ 의안의 제출 등

교육감은 교육·학예에 관한 의안을 의회에 제출할 수 있다. 교육감은 해당 의안이 주민의 재정적 부담이나 의무부과에 관한 조례안 또는 지방자치단체의 일반회계와 관련되는 사항에 해당하는 경우에 시·도의회에 제출하고자 할 때에는 미리 시·도지사와 협의하여야 한다(제29조의2제1항).

(5) 소환 및 퇴직

1) 소환

주민은 교육감을 소환할 권리를 가진다(제24조의2제1항). 교육감의 주민소환에 관하여는 이 법에서 규정한 사항을 제외하고는 그 성질에 반하지 아니하는 범위에서 「주민소환에 관한 법률」의 시·도지사에 관한 규정을 준용한다(제24조의2제3항).

2) 퇴직

교육감은 「지방교육자치에 관한 법률」 제23조제1항에서 규정하고 있는 겸임할 수 없는 직에 취임한 때, 피선거권이 없게 된 때(지방자치단체의 구역이 변경되거나, 지방자치단체가 없어지거나 합쳐진 경우 외의 다른 사유로 교육감이 그 지방자치단체의 구역 밖으로 주민등록을 이전함으로써 피선거권이 없게 된 때를 포함한다), 정당의 당원이 된 때, 제3조에서 준용하는 지방자치법 제110조에 따라 교육감의 직을 상실할 때에는 교육감 직에서 퇴직한다(제24조의3).

3. 지방교육자치 관련 중요 판례

지방교육자치에 관한 법적 분쟁은 지방자치와 교육자치가 중첩되는 영역이어서 매우 다양하고 당사자들의 이해관계가 매우 복잡하게 얽혀 있다. 이하에서는 교육과 학예를 전담하는 지방자치단체의 기관인 교육청과 이에 대한 행정상 후견자인 교육부와의 갈등에 초점을 두어 세간의 주목을 받았던 사례 두 가지를 소개하기로 한다(앞의 제4장 제1절 부분과 관련된다).

(1) 서울특별시교육감의 교육부장관의 자율형 사립고등학교 지정취소처분에
대한 취소소송[10](지방자치법 제188조 제6항)

1) 사건의 경위

교육부는 자율형 사립고등학교(이하 자사고)의 운영 성과 등을 평가하는 데 필요한 기준안을 마련하기 위하여 정책연구와 각 교육청 및 전문가 의견 수렴 절차 등을 거쳐, 2014. 3.경 「자사고 평가지표 표준안 및 '14년 운영성과 평가 안내」를 발표하였다. 서울특별시교육청은 2014. 4. 위 표준안 및 평가안내를 토대로 「'14 자사고 운영성과 평가 기본계획(안)」을 마련하였는데, 그에 따르면 2010년부터 자사고로 운영된 14개 학교에 대하여 학교 자체평가 및 '자율학교등 지정·운영위원회' 평가를 실시하여 평가점수가 70점 미만인 경우에는 교육부장관과 협의하여 자사고 지정 취소 여부를 결정하도록 되어 있다. 평가 대상이 된 14개 자사고는 위 평가 기본계획(안)에서 정한 평가지표에 따라 2014. 4.경부터 2014. 5.경까지 자체평가를 실시하였고, 위원회는 2014. 6.경 학교 자체평가에 따른 운영성과보고서를 토대로 서면평가, 현장평가, 만족도 조사 등을 실시하였는데, 위와 같은 자체평가 및 위원회 평가 결과 평가점수가 70점에 미달된 자사고는 없었다. 위원회는 2014. 6. 27. 위원회 평가결과 심의안을 가결하고 평가결과를 그 당시 재직 중이던 교육감에게 보고하였으나, 2014. 6. 4. 치러진 제6회 전국동시지방선거에서 '자사고를 일반고등학교로 전환하겠다'는 등의 공약을 걸고 당선된 신임 교육감의 취임이 2014. 7. 1.로 예정됨에 따라 평가결과에 대한 교육감의 최종 결재는 이루어지지 않았다. 서울특별시교육청은 신임 교육감이 취임하자 종전 평가지표에 자사고 지정취소 사유 관련 내용을 확대하고, 종전 평가기준의 공교육지표를 재검토하여 타당성과 공정성을 보완하기로 한 후, 2014. 8.경 종전 평가지표의 지표별 중요성을 재평가하여 배점을 조정하고 새로운 평가항목을 추가하는 등으로 새로운 평가지표를 마련한 다음, 종전 평가 당시 작성·제출된 학교별 운영성과보고서와 새로운 평가지표와 관련하여 추가로 제출된 자료 및 교육청이 이미 확보하고 있는 자료를 활용하여 다

---

10) 대법원 2018.7.12. 2014추33 판결.

시 그에 따른 평가를 시행하였다. 서울특별시교육감은 2014. 10. 31. 수정 평가결과에 따라서 70점 미만을 받은 6개 학교(경희고, 배재고, 세화고, 우신고, 이화금란고, 중앙고)의 자사고 지정을 취소하는 처분을 하였다. 교육부장관은 2014. 11. 3. 서울특별시교육감에게 '이 사건 지정취소처분이 「행정절차법」과 「초·중등교육법」 시행령을 위반하였고, 재량권을 일탈·남용하였다'는 이유로 이 사건 지정취소처분을 취소하라는 시정명령을 하였으나 서울특별시교육감이 이에 응하지 않자, 2014. 11. 18. 이 사건 지정취소처분을 직권으로 취소하는 처분을 하였다. 이에 서울특별시교육감은 구 지방자치법 제169조 제1항에 따라 교육부장관의 직권취소처분의 취소를 구하는 소송을 대법원에 제기하였다.

2) 법적 검토사항

① 구「초·중등교육법」 시행령 제91조의3제5항에서 말하는 교육부장관과의 사전 협의가 교육부장관의 적법한 사전 동의를 의미하는지 여부

자사고는 헌법 제31조제6항에 따라 법률로 정하고 있는 학교교육제도에 관한 사항 중 일부가 적용되지 않는 학교이고, 자사고 제도의 운영은 국가의 교육정책과도 긴밀하게 관련되며, 자사고의 지정 및 취소는 해당 학교에 재학 중인 학생들과 그 학교에 입학하고자 하는 학생들에게 미치는 영향도 크다. 따라서 자사고의 지정 및 취소는 국가의 교육정책과 해당 지역의 실정 등을 고려하여 신중하게 이루어져야 할 필요가 있다. 「초·중등교육법」 시행령 제91조의3은 2010. 6. 29. 신설 당시 제4항으로 '자사고는 5년 이내로 지정·운영하되, 시·도 교육규칙으로 정하는 바에 따라 연장할 수 있다'고만 규정하였다가, 2011. 6. 7. 대통령령 제22955호로 개정되면서 제5항으로 '교육감이 자사고 지정을 취소하는 경우에는 미리 교육과학기술부장관과 협의하여야 한다'고 규정하게 되었다. 이는 종전의 지정기간 연장에 행사되는 재량을 절차적으로 통제할 수 있는 장치를 마련함으로써 자사고를 보다 안정적으로 운영하게 하려는 취지에서 비롯된 것이다.

② 교육부장관이 교육감의 교육·학예에 관한 사무 중 '자치사무'에 대한 명령이나 처분에 대하여 취소하거나 정지하려면 법령 위반 사항이 있어야 하는지 여부(적극) 및 이때 교육감의 명령이나 처분이 법령에 위반되는 경우의 의미

「지방교육자치에 관한 법률」 제3조, 지방자치법 제169조 제1항에 따르면, 시·도의 교육·학예에 관한 사무에 대한 교육감의 명령이나 처분이 법령에 위반되거나 현저히 부당하여 공익을 해친다고 인정되면 교육부장관이 기간을 정하여 서면으로 시정할 것을 명하고, 그 기간에 이행하지 아니하면 이를 취소하거나 정지할 수 있다. 특히 교육·학예에 관한 사무 중 '자치사무'에 대한 명령이나 처분에 대하여는 법령 위반 사항이 있어야 한다. 여기서 교육감의 명령이나 처분이 법령에 위반되는 경우란, '명령·처분이 현저히 부당하여 공익을 해하는 경우', 즉 합목적성을 현저히 결하는 경우와 대비되는 개념으로서, 교육감의 사무 집행이 명시적인 법령의 규정을 구체적으로 위반한 경우뿐만 아니라 그러한 사무의 집행이 재량권을 일탈·남용하여 위법하게 되는 경우를 포함한다.

③ 교육부장관의 직권취소의 적법성

이 사건 학교들은 자사고 평가에 관한 서울특별시교육청의 「'14 자사고 운영성과 평가 기본계획(안)」을 믿고 그에 따라 평가를 준비하여 학교 운영성과보고서를 작성·제출하는 등 평가에 참여하였고, 그 기준에 따른 종전 평가에서 70점 이상으로 평가될 경우 자신들에 대한 자사고 지정이 취소되지 않을 것이라고 정당하게 신뢰하였다. 서울특별시교육청은 종전 평가결과에 대한 교육감 결재만 남은 상황에서 신임 교육감이 취임하자, '자사고가 지정목적에 맞게 교육과정 등을 운영하였는지 평가하여 내실 있는 학교운영을 유도하고, 지정 목적 달성이 곤란한 학교에 대해서는 지정을 취소함으로써 자사고의 책무성 제고'라는 종전 평가목적을 수정하여, '자사고 운영성과 등을 평가하여 지정 목적 달성이 불가능하다고 인정되는 학교에 대해 지정을 취소함으로써 일반고 전성시대를 위한 기반 확보'를 평가의 목적으로 삼은 다음, 그러한 목적 달성에 적합하도록 평가기준을 수정하고, 수정된 평가기준에 따라 다시 평가를 시행하였다. 수정된 평가기준은 100점 만점으로 예정된 종전 평가기준의 평가항목별 배점과 기본 점수를 낮추고, 새로 '교육의 공공성

과 학교의 민주적 운영(배점 15점)'이라는 교육청 재량평가 항목을 추가함으로써 사실상 교육청의 재량평가가 자사고 지정취소에 커다란 영향을 끼칠 수밖에 없게 되었다. 새로운 교육제도는 충분한 검토와 의견수렴을 거쳐 신중하게 시행되어야 하고, 그러한 과정을 거쳐 시행되고 있는 교육제도를 다시 변경하는 것은 관련된 다수의 이해관계인들뿐만 아니라, 국가의 교육시책에 대한 일반 국민의 신뢰에도 큰 영향을 미칠 수 있는 만큼 더욱 조심스럽게 이루어져야 한다. 교육제도의 이러한 특수성에 비추어 볼 때, 이 사건 학교들로서는 '자사고 제도의 존치를 전제로 한 내실 있는 학교운영 유도'를 주된 목적으로 하였던 종전 평가기준이 '자사고 지정취소를 토대로 일반고 전성시대의 기반 확보'를 목적으로 하는 새로운 평가기준으로 변경될 것이라는 점을 쉽게 예측하기는 어려웠을 것이다. 종전 평가기준과 그에 따른 종전 평가에 대한 이 사건 학교들의 신뢰는 합리적이고 정당한 신뢰로서 공익과의 형량을 거쳐 보호될 수 있다. '공교육의 정상화와 자사고의 바람직한 운영'이라는 공익은 자사고 지정을 유지한 채로 그 운영방식을 개선하는 방법으로도 충분히 달성할 수 있다. 그런데도 원고는 이 사건 지정취소처분을 하였고, 이로 인하여 침해되는 이 사건 학교들의 사익, 즉 이 사건 학교들이 그 신뢰에 반하여 자사고를 더 이상 운영할 수 없게 되는 불이익은 이 사건 지정취소처분을 통하여 달성하려는 공익보다 결코 작다고 할 수 없다.

3) 평가

해당 사건의 배경은 정치적 중립성을 표방한 교육자치가 결코 정치로부터 자유롭지 않음을 보여주는 예라 할 수 있다. 사건에 등장하는 두 교육감의 뚜렷한 정치적 성향의 차이는 자립형 사립고등학교의 설치 목적에 대한 분명한 시각의 차이가 있음을 확인할 수 있고, 현행 지방자치법 제188조제6항을 통해 중앙정부(당시 박근혜 정부)와 자치교육감(진보 성향의 조희연 서울특별시 교육감)의 갈등이 행정상 후견의 사법적 통제를 통해 해결된 사례라 할 수 있다.

(2) 전라북도교육감의 교육부장관의 학교생활기록부 작성에 관한 사무
(공무원에 대한 징계의결 요구 또는 징계의결요구신청) 관련 이행명령에 대한 직권취소처분의 취소소송(제189조 제6항)[11]

1) 사건의 경위

전라북도교육감(원고)은 교육부장관(피고)의 직무이행명령의 취소를 구하는 소송을 대법원에 제기하였다. 피고는 2012. 8. 21. 원고에게, (1) 귀 교육청에서 학교에 안내한 학교생활기록부 기재 관련 대상과 방법 등을 즉시 취소하고, (2) 법령에 따라 학교폭력 가해학생 조치사항을 학교생활기록부에 기재하도록 관내학교 및 교육지원청에 2012. 8. 22.까지 안내 공문 시행 후, 이를 2012. 8. 23.까지 교육과학기술부에 제출하라는 내용의 시정명령을 하였다. 원고가 위 시정명령에 응하지 아니하자, 피고는 2012. 8. 24. 이 사건 기재요령 안내가 초·중등교육법 제25조, 「학교생활기록의 작성 및 관리에 관한 규칙」, 「학교생활기록 작성 및 관리지침」을 위반하였다는 등의 이유를 들어 원고의 이 사건 기재요령 안내를 직권으로 취소하였다.

2) 법적 검토사항

① 교육감의 담당 교육청 소속 국가공무원인 도교육청 교육국장 및 그 하급자들에 대한 징계의결요구 신청 사무가 기관위임 국가사무인지 여부(적극)

교육공무원 징계사무의 성격, 권한의 위임에 관한 교육공무원법령의 규정 형식과 내용 등에 비추어 보면, 국가공무원인 도교육청 교육국장 및 그 하급자인 장학관, 장학사에 대한 징계는 국가사무이고, 그 일부인 징계의결요구의 신청 역시 국가사무에 해당한다. 따라서 교육감이 담당 교육청 소속 국가공무원인 도교육청 교육국장 및 그 하급자들에 대하여 하는 징계의결요구 신청 사무는 기관위임 국가사무라고 보아야 한다.

---

11) 대법원 2015.09.10. 2013추517 판결.

② 공립·사립학교의 장이 행하는 학교생활기록부 작성에 관한 교육감의 지도·감독 사무가 시·도 교육감에게 위임된 국가사무인지 여부(적극)

학교생활기록에 관한 「초·중등교육법」, 「고등교육법」 및 각 시행령의 규정 내용에 의하면, 어느 학생이 시·도 상호 간 또는 국립학교와 공립·사립학교 상호 간 전출하는 경우에 학교생활기록의 체계적·통일적인 관리가 필요하고, 중학생이 다른 시·도 지역에 소재한 고등학교에 진학하는 경우에도 학교생활기록은 고등학교의 입학전형에 반영되며, 고등학생의 학교생활기록은 피고의 지도·감독을 받는 대학교의 입학전형자료로 활용되므로, 학교의 장이 행하는 학교생활기록의 작성에 관한 사무는 국민 전체의 이익을 위하여 통일적으로 처리되어야 할 성격의 사무이다. 따라서 전국적으로 통일적 처리를 요하는 학교생활기록의 작성에 관한 사무에 대한 감독관청의 지도·감독 사무도 국민 전체의 이익을 위하여 통일적으로 처리되어야 하므로, 공립·사립학교의 장이 행하는 학교생활기록부 작성에 관한 교육감의 지도·감독 사무는 국립학교의 장이 행하는 학교생활기록부 작성에 관한 교육부장관의 지도·감독 사무와 마찬가지로 국가사무로서, 시·도 교육감에 위임된 사무이다.

③ 교육감이 학교생활기록 작성 사무에 대한 지도·감독 사무의 성격에 관한 선례 등이 확립되지 않은 상황에서 이를 자치사무로 보아 사무를 집행하였는데 사후에 기관위임 국가사무임이 밝혀진 경우, 기존에 행한 사무의 구체적인 집행행위가 징계사유에 해당하는지 여부(소극)

교육감의 학교생활기록의 작성에 관한 사무에 대한 지도·감독 사무는 기관위임 국가사무에 해당하지만, 지방자치법 제169조(현행 제189조제6항)에 규정된 취소처분에 대한 이의소송의 입법 취지 등을 고려할 때, 교육감이 지도·감독 사무의 성격에 관한 선례나 학설, 판례 등이 확립되지 않은 상황에서 이를 자치사무라고 보아 사무를 집행하였는데, 사후에 사법절차에서 그 사무가 기관위임 국가사무임이 밝혀졌다는 이유만으로는 곧바로 기존에 행한 사무의 구체적인 집행행위가 위법하다고 보아 징계사유에 해당한다고 볼 수는 없다.

④ 감사대상 시·도교육청 소속 공무원이 교육부장관이나 감사활동 수행자의 감사활동에 협조할 의무를 부담하는지 여부(적극) 및 시·도교육청 소속 공무원이 이러한 법령상 의무를 위반하여 감사를 거부한 행위가 징계사유를 구성하는지 여부(적극)

감사절차에 관한 「국가공무원법」 제56조, 지방자치법 제167조, 제171조, 제171조의2, 구「지방자치단체에 대한 행정감사규정」(2013. 3. 23. 대통령령 제24425호로 개정되기 전의 것) 제11조 제1항 제1호, 제2호, 제3항, 제12조 제1항, 제2항, 제3항의 규정 내용, 형식 및 입법 취지 등을 고려할 때, 감사대상 시·도교육청 소속 공무원은 교육부장관이나 감사활동 수행자의 감사활동에 협조할 의무를 부담한다. 따라서 징계대상자들이 이러한 법령상 의무를 위반하여 감사를 거부한 행위는 징계사유를 구성한다.

⑤ 교육감이 '특별한 사정'이 없이 의무에 속한 국가위임사무를 이행하지 않는 경우, 지방자치법 제170조 제1항(현행 제189조제1항)에서 정한 '국가위임사무의 관리와 집행을 명백히 게을리하고 있다'는 요건을 충족하는지 여부(적극); 여기서 '특별한 사정'의 의미 및 교육감이 특정 국가위임사무를 관리·집행할 의무가 있는지에 관하여 교육부장관과 다른 견해를 취하여 이를 이행하고 있지 아니한 사정이 이에 해당하는지 여부(소극)

지방교육자치에 관한 법률 제3조, 지방자치법 제170조 제1항에 따르면, 교육부장관은 교육감이 의무에 속하는 국가위임사무의 관리와 집행을 명백히 게을리하고 있다고 인정되면 교육감에게 이행할 사항을 명할 수 있다.

여기서 '국가위임사무의 관리와 집행을 명백히 게을리하고 있다'는 요건은 국가위임사무를 관리·집행할 의무가 성립함을 전제로 하는데, 교육감은 의무에 속한 국가위임사무를 이행하는 것이 원칙이므로, 교육감이 특별한 사정이 없이 의무를 이행하지 아니한 때에는 이를 충족한다. 여기서 특별한 사정이란, 국가위임사무를 관리·집행할 수 없는 법령상 장애사유 또는 지방자치단체의 재정상 능력이나 여건의 미비, 인력의 부족 등 사실상의 장애사유를 뜻하고, 교육감이 특정 국가위임사무를 관리·집행할 의무가 있는지에 관하여 교육부장관과 다른 견해를 취하여 이를 이행하고 있지 아니한 사정은 이에 해당한다고 볼 것이 아니다.

3) 평가

결론적으로 해당 사건에서 대법원은 징계대상자들에 대한 징계사유가 인정되고 원고에게 징계의결요구 신청을 할 의무도 있으므로, 피고의 직무이행명령은 적법하다고 판단하였다.

그렇지만 교육부장관이 전라북도 교육감에게 한 직무이행명령 중 '학교폭력 가해학생 학교생활기록부 기재 관련 업무 처리 부당'에 따른 징계의결요구 신청에 대한 부분을 취소한다고 하였다. 교육감의 학교생활기록의 작성에 관한 사무에 대한 지도·감독 사무는 기관위임 국가사무에 해당하지만, 현행 지방자치법 제189조에 규정된 행정상 후견감독기관의 직무이행명령에 대한 이의소송의 입법 취지 등을 고려할 때, 교육감이 지도·감독 사무의 성격에 관한 선례나 학설, 판례 등이 확립되지 않은 상황에서 이를 자치사무라고 보아 사무를 집행하였는데, 사후에 사법절차에서 그 사무가 기관위임 국가사무임이 밝혀졌다는 이유만으로는 곧바로 기존에 행한 사무의 구체적인 집행행위가 위법하다고 보아 징계사유에 해당한다고 볼 수는 없다는 것이 대법원 판단이었다.

행정상 후견은 적법성 통제와 지방분권의 경계 지점에 있음을 확인하고 일종의 절충안을 제시한 것이 아닌가 평가할 수 있다.

참고문헌

조재현, "교육자치의 이념적 기초와 교육자치기관의 구성원리에 관한 연구 – 교육자치기관의 독립성, 전문성, 민주적 정당성과 교육감 및 교육의원의 자격요건을 중심으로", 「공법학연구」 제14권 제1호, 한국비교공법학회, 2013.2., 102~104쪽.

안주열, "교육자치제도의 제도적 보장에 관한 헌법적 고찰", 「법학연구」 제42집, 전북대학교 법학연구소, 2014.9., 197~200쪽.

김범주, "교육감의 지방자치단체 대표권에 관한 고찰", 교육법연구 제30권 제2호, 대한교육법학회, 2018.8., 26~27쪽.

판례색인

사항색인

저자 소개

전 훈

현) 경북대학교 행정학부 교수

경북대학교 법과대학 · 대학원 졸업(법학사 · 법학석사), Aix − Marseille Ⅲ 대학교 대학원 졸업(법학박사)
경상대학교 법과대학 교수 · 법학연구소장, 경북대학교 행정대학원장, 유럽헌법학회 회장, Professeur invité à l'Université d' Aix − Marseille Ⅲ (2007) · de Nîme(2010) , University of Florida Visiting Scholar(2014 − 2016), 5급 공채시험, 국가직 및 지방직 7급 · 9급 공채시험 출제위원

이진수

현) 서울대학교 행정대학원 교수

서울대학교 법과대학(법학사), 행정대학원(행정학 석사 졸업, 박사 수료), 대학원 졸업(법학박사)
변호사, 행정안전부 행정사무관, 영남대학교 법학전문대학원 교수(법학과장, 법학전문대학원 부원장), 서울대학교 행정대학원 학생부원장, 서울대학교 기획처 협력부처장, 변호사시험, 사법시험, 5급 공채시험, 국가직 및 지방직 7급 · 9급 공채시험 출제위원

지방자치법

초판발행	2023년 4월 20일
지은이	전 훈 · 이진수
펴낸이	안종만 · 안상준
편 집	양수정
기획/마케팅	장규식
표지디자인	Ben Story
제 작	고철민 · 조영환
펴낸곳	(주)박영사
	서울특별시 금천구 가산디지털2로 53, 210호(가산동, 한라시그마밸리)
	등록 1959. 3. 11. 제300-1959-1호(倫)
전 화	02)733-6771
f a x	02)736-4818
e-mail	pys@pybook.co.kr
homepage	www.pybook.co.kr
ISBN	979-11-303-4345-7 93360

copyright©전 훈 · 이진수, 2023, Printed in Korea

* 파본은 구입하신 곳에서 교환해 드립니다. 본서의 무단복제행위를 금합니다.
* 저자와 협의하여 인지첩부를 생략합니다.

정 가	19,000원